● 四川省科技计划资助
Supported by Sichuan Science and Technology Program

● 立项编号：2017ZR0299

提升知识产权
质押实效法制研究

TISHENG ZHISHI CHANQUAN
ZHIYA SHIXIAO FAZHI YANJIU

何礼果　蹇　勇　羊海燕　贺海燕／著

 四川大学出版社

项目策划：蒋姗姗
责任编辑：蒋姗姗
责任校对：周文臻
封面设计：王振华
责任印制：王　炜

图书在版编目（CIP）数据

提升知识产权质押实效法制研究 / 何礼果等著．—
成都：四川大学出版社，2020.6
ISBN 978-7-5690-3766-1

Ⅰ．①提… Ⅱ．①何… Ⅲ．①知识产权－抵押－研究
Ⅳ．① D913.404

中国版本图书馆 CIP 数据核字 (2020) 第 108769 号

书　名　　提升知识产权质押实效法制研究

著　　者	何礼果　蹇　勇　羊海燕　贺海燕
出　　版	四川大学出版社
地　　址	成都市一环路南一段 24 号（610065）
发　　行	四川大学出版社
书　　号	ISBN 978-7-5690-3766-1
印前制作	四川胜翔数码印务设计有限公司
印　　刷	郫县犀浦印刷厂
成品尺寸	170mm×240mm
印　　张	11.75
字　　数	222 千字
版　　次	2020 年 7 月第 1 版
印　　次	2020 年 7 月第 1 次印刷
定　　价	68.00 元

版权所有 ◆ 侵权必究

扫码加入读者圈

◆ 读者邮购本书，请与本社发行科联系。
　电话：(028)85408408/(028)85401670/
　(028)86408023　邮政编码：610065
◆ 本社图书如有印装质量问题，请寄回出版社调换。
◆ 网址：http://press.scu.edu.cn

四川大学出版社
微信公众号

前　言

随着知识经济时代的到来，知识产权逐渐成为与劳动力、资本同样重要的生产要素。"知识产权被看作是人、财、物三大资源之后的第四资源，知识产权的地位已经不仅仅局限在独占某种新技术或产品的权利，而成为间接或者直接作用于生产的重要资源。"① 在经济增长的质量不断提升、经济增长方式转变加快的大背景下，知识产权在经济生活中的重要性日渐凸显，其经济价值不仅是企业提升核心竞争力的重要资源，也是企业获得可持续发展能力的关键。

对资源的利用方式有直接对资源本身的"功能性使用"，还有对资源作为担保物的"价值性使用"。而作为担保性的资源往往具有稀缺性。"因为担保资源是一种稀缺的金融资产，经济增长离不开信贷支持，绝大多数融资行为和金融产品离不开担保，现在如果没有担保，银行一般会拒绝贷款，因此，担保物几乎和资金同等重要。"② 知识产权的经济属性体现在资源上，而这种资源的利用价值主要体现在担保价值上。因此，知识产权是一种稀缺性资源。

而知识产权的无形性常常使其价值性、重要性被长期忽略。从广义上讲，知识产权是无形资产中的一个类别③，在产权交易过程中，知识产权的利用和转移并不表现为有形之物的耗费和转移，其以非实物形态存在决定了其作用和功能不能直观地被反映出来，加之企业在会计业务处理过程中对其价值予以确认和计量的方式还存在诸多缺陷，不能完全捕获所有维度上无形资产的价

---

① 杨中楷，刘则渊：《略论知识产权的资源属性》，载于《科技管理研究》，2005 年第 8 期，第 141～143 页。

② 唐旭：《知识产权质押、物权法与金融发展》，载于《中国金融》，2007 年第 5 期，第 14～15 页。

③ 无形资产一般包括专利权、非专利技术、生产许可证、特许经营权、租赁权、土地使用权、矿产资源勘探权和采矿权、商标权、版权、计算机软件等。

值。[①] 但是，知识产权的无形性并不能掩盖和否认其价值性和可转让性。[②] 从会计学角度分析，知识产权是企业的无形资产，并作为企业的资产项进行列示、确认和计量，知识产权的账面价值具有可获得性和直观性，其价值当然具有可辨认性。再者，知识产权作为企业的无形资产，其资产收益率，对业绩提升以及创造企业价值的边际贡献率均可衡量、可计算。因此，知识产权的无形性并不必然导致其价值不可衡量。同有形的实物资产一样，知识产权具有价值性和可辨认性。

那么，知识产权的价值又如何展现呢？知识产权的形成过程不仅消耗了原材料等有形成本（该成本能可靠计量），还凝结了大量的人类劳动，该人类劳动往往以人力成本的方式进行支付，这都构成了知识产权的价值基础。按照马克思的政治经济学原理，产品价值＝C（原材料等可变成本）＋V（物化劳动）＋M（剩余劳动）。很显然，知识产权的资产属性决定了其具有价值和使用价值，并且能够计量，具有可评估性。

知识产权质押是指知识产权权利人以合法拥有的专利权、注册商标专用权、著作权等知识产权中的财产权为质押标的物出资，经评估作价后向银行等融资机构获取资金，并按期偿还资金本息的一种融资行为。相比于传统模式下以不动产抵押，知识产权出资抵押更具特殊性。

知识产权质押融资是一种相对新型的融资方式，区别于传统的以不动产作为抵押物向金融机构申请贷款的方式，知识产权质押融资指企业或个人以合法拥有的专利权、商标权、著作权中的财产权经评估后作为质押物，向银行申请融资。可以作为质押的知识产权一般为驰名商标、著名商标企业的商标所有权，科技型企业的发明专利、实用新型专利，计算机软件著作权等。

当前，我国不少大城市都已开始进行中小企业知识产权质押贷款试点。其中较为典型的如上海浦东新区在 2006 年正式启动知识产权质押融资试点工作，同年，交通银行北京分行开始推进知识产权质押融资这一模式，武汉基于北京、上海浦东的模式基础也开始推进知识产权质押工作。2012 年 10 月，国家知识产权局正式将绵阳市列为全国知识产权质押融资试点城市，绵阳成为四川省继成都之后第二个进入"国家队"的知识产权质押融资试点城市。2016 年 5

[①] 李思琪：《无形资产价值及其相关性研究》，浙江工商大学硕士学位论文，2017 年 12 月，第 9 页。

[②] 由于知识产权独有的这些特殊性，诸多学科对此都有不同定义，根据经济学、管理学、会计学的不同定义，观其共性，知识产权的主要核心意思可以概括为：知识产权为无形资产，指用于商品或劳务的生产或供应、出租给其他单位或管理目的而持有的、没有实物形态的可辨认非货币性资产。

月，经国家知识产权局正式批复，绵阳市成为国家知识产权示范城市。据此，绵阳市由知识产权试点城市正式成为知识产权示范城市。我国知识产权质押融资规模快速攀升，目前，仅北京中关村已有 400 余家企业通过专利权质押获得超过百亿元规模的融资总额。同时，多地在密集启动知识产权融资对接会。日前举办的 2018 深圳市知识产权质押融资"加油计划"对接会上，知识产权质押融资意向贷款金额超过 4.8 亿元。在湖北省知识产权金融工作推进会上，6 家科技型企业获得 2.03 亿元专利质押贷款。处于西部的绵阳市，仅 2017 年全年就新增专利申请 10889 件，全年度知识产权质押贷款突破了 1 亿元。

知识产权质押融资运作模式主要以北京、上海浦东、武汉三种模式为代表。北京模式是"银行＋企业专利权/商标专用权质押"的直接质押融资模式，上海浦东模式是"银行＋政府基金担保＋专利权反担保"的间接质押式，武汉模式则是在借鉴北京和上海浦东两种模式的基础上推出的"银行＋科技担保公司＋专利权反担保"混合模式。这几种模式主要涉及银行、企业、政府、担保公司等多方主体。

但是，目前我国知识产权质押还有许多需要完善的机制。例如，建立促进知识产权质押融资的协同推进制度，创新知识产权质押融资的服务机制，建立完善知识产权质押融资风险管理机制，完善知识产权质押融资评估管理体系，建立有利于知识产权流转的管理机制，建立国家知识产权质押贷款风险补偿机制，等等。而本书仅仅是我们结合对绵阳市知识产权的质押路径的实际研究，对提升知识产权质押实效的一点法制上的思考，期望专家和学者批评指正！

目　录

第一章　知识产权及其保护的历史嬗变…………………………（ 1 ）

　　第一节　知识产权的词源解析………………………………（ 1 ）

　　第二节　知识产权保护的历史演进…………………………（ 4 ）

　　第三节　知识产权的国际保护………………………………（ 10 ）

第二章　知识产权质押的理论来源………………………………（ 19 ）

　　第一节　知识产权质押的经济学价值解读…………………（ 19 ）

　　第二节　知识产权质押的资产属性解析……………………（ 24 ）

　　第三节　知识产权质押的可出质性辨析……………………（ 30 ）

　　第四节　知识产权质押融资的理论机理……………………（ 35 ）

第三章　知识产权质押的现实困境………………………………（ 45 ）

　　第一节　知识产权质押的历史溯源…………………………（ 45 ）

　　第二节　知识产权质押的价值学考量………………………（ 47 ）

　　第三节　知识产权质押的风险阻碍…………………………（ 52 ）

　　第四节　知识产权质押外部性约束…………………………（ 59 ）

第四章　知识产权质押模式辨析…………………………………（ 64 ）

　　第一节　美国的知识产权质押模式…………………………（ 64 ）

　　第二节　日本的知识产权质押模式…………………………（ 67 ）

　　第三节　美国和日本知识产权质押模式带来的启示………（ 68 ）

　　第四节　我国知识产权质押模式……………………………（ 71 ）

第五章　提升知识产权质押实效的法制困境……………………（ 87 ）

　　第一节　知识产权质押的法制供给现状……………………（ 87 ）

第二节　知识产权质押的法制与供给失衡……………………（108）

第六章　知识产权质押实效提升的法治构建………………………（120）
　　第一节　提升知识产权质押实效法治构建的国外立法案例借鉴……（120）
　　第二节　提升知识产权质押实效之立法完善………………（128）
　　第三节　提升知识产权质押实效之配套制度完善……………（139）

参考文献………………………………………………………………（157）

附　录　绵阳市知识产权质押实现路径研究报告………………（160）

后　记…………………………………………………………………（177）

第一章　知识产权及其保护的历史嬗变

第一节　知识产权的词源解析

一、知识产权的词源发展

从知识产权的词源来看，学者们普遍认为"知识产权"（英文"Intellectual Property"，法文"Propriété Intellectuale"，德文"Gestiges Eigentum"）一词最早由法国学者卡普佐夫于 17 世纪中叶在其著作中提出，他将一切来自知识活动领域的权利概括为"知识产权"①。后来，比利时著名法学家皮卡第对这一概念进行了发展。皮卡第认为：知识产权是一种特殊的权利范畴，它根本不同于对物的所有权。"所有权原则上是永恒的，随着物的产生与毁灭而发生和终止，但知识产权却有时间限制。一定对象的产权在每一瞬间时间内只能属于一个人（或一定范围的人——共有财产），使用知识产品的权利则不限人数，因为它可以无限地再生。"这一学说后来被许多国家和国际组织认可。②

1983 年 3 月 20 日，《保护工业产权巴黎公约》（Paris Convention for the Protection of Industrial Property，简称《巴黎公约》）在巴黎签订，其旨在让发明专利、实用新型、工业品外观设计、商标等工业产权在成员国之间得到保护。1886 年 9 月 9 日，《保护文学和艺术作品伯尔尼公约》（Berne Convention for the Protection of Literary and Artistic Works，简称《伯尔尼公约》）在瑞士伯尔尼签订，旨在加强对著作权的国际保护。《巴黎公约》和《伯尔尼公约》都鼓励创造性活动的开展，保护创造性成果。两个条约具有相似性。为加强成

---

① 吴汉东：《知识产权本质的多维度解读》，载于《中国法学》，2006 年第 5 期，第 97~106 页。
② 杨雄文编著：《知识产权法总论》，华南理工大学出版社 2013 年版，第 13 页。

员国之间的合作，进一步提升对知识产权的世界性保护，在尊重国家主权和平等、自愿的基础上，参加保护工业产权巴黎同盟与保护文学艺术作品伯尔尼同盟的 51 个国家于 1967 年 7 月 4 日在斯德哥尔摩签订了《成立世界知识产权组织公约》（The convention Establishing the World Intellectual Property Organization，简称《WIPO 公约》），成立了保护知识产权的国际组织，将其定名为世界知识产权组织（World Intellectual property organization），简称"WIPO"，该公约于 1970 年 4 月 26 日正式生效。

1974 年 12 月，世界知识产权组织成为联合国的专门机构之一，负责知识产权相关事务工作。按照《成立世界知识产权组织公约》第四条的规定，世界知识产权组织行使以下职权：①促进发展旨在便利全世界对知识产权的有效保护和协调各国在这方面的立法措施；②执行巴黎联盟、与该联盟有联系的各专门联盟以及伯尔尼联盟的行政任务；③可以同意担任或参加任何其他旨在促进保护知识产权的国际协定的行政事务；④鼓励缔结旨在促进保护知识产权的国际协定；⑤对于在知识产权方面请求法律——技术援助的国家给予合作；⑥收集并传播有关保护知识产权的情报，从事并促进这方面的研究，并公布这些研究的成果；⑦维持有助于知识产权国际保护的服务，在适当情况下，提供服务工作单位名册，并发表这种名册的材料；⑧采取一切其他的适当行动。①

1980 年 6 月 3 日，中国加入世界知识产权组织，成为该组织的第 90 个成员国。随着中国加入世界知识产权组织，知识产权一词逐渐被学界和实务界统一采纳。1986 年 4 月 12 日，第六届全国人民代表大会第四次会议修订通过的《中华人民共和国民法通则》（以下简称《民法通则》）第 5 章第 3 节规定了知识产权的权利内容，将知识产权列为与财产所有权和与财产所有权有关的财产权、债权、人身权并列的民事权利的重要内容之一，从法律的角度对知识产权的权利名称予以了明确，此后，知识产权一词在国内被统一使用。在此之前，受苏联法学理论的影响，我国在著作、政策和法律文件中使用"智力成果权"对该权利进行描述。智力成果权，是指法律赋予人们的对于自己脑力劳动创造的精神财富所享有的权利。不同的国家和地区对知识产权也有不同的称谓：德国等一些国家的学界曾经使用过"无形财产权"一词②，日本曾将知识产权称作"无体财产权"，现在则称作"知的所有权"。③ 我国台湾地区和香港地区将

---

① 摘自《成立世界知识产权组织公约》。

② 陶鑫良主编，上海市知识产权局组织编写：《知识产权基础》，知识产权出版社 2011 年版，第1页。

③ 刘俊，杨志民主编：《知识产权法》，厦门大学出版社 2013 年版，第 3 页。

知识产权称为"智慧财产权"。①

二、知识产权中的"知识"

"知识产权"一词现在已经被我们广泛采用，随着社会物质生活的发展和人类认识水平的不断提升，知识产权的内涵也在不断丰富。知识产权，从字面意思来理解就是关于知识的产权。知识广泛存在于人类的认知世界中，帮助人们更好地认识现实社会，指导人们开展实践工作。在漫长的人类文明发展史中，先辈留下了丰富的唐诗宋词、医学盛典、兵法著作等，这些都记载了丰富的知识。伴随着科技水平的发展，新的认识手段的产生使人们能够更好地认识客观世界，随之而来的是知识的井喷式的增长。对知识产权进行研究，我们需要首先对知识进行研究，在不同的背景和语境之下，人们对知识有不同的认识。在法学的语境下，充分认识"知识产权"中的"知识"具有什么样的内涵，可以帮助我们区别知识产权与非知识产权，为深入研究知识产权做好理论准备。

《现代汉语词典》对知识给出的定义是：知识是人们在社会实践中获得认识和经验的总和。② 中国国家科技领导小组办公室在《关于知识经济与国家知识基础设施的研究报告》中，对知识的界定：知识乃是经过人的思维整理的信息、数据、形象、意象、价值标准以及社会的其他符号化产物，不仅包括科学技术知识（这是知识中的重要组成部分），还包括人文、社会科学的知识，商业活动、日常生活和工作中的经验知识，人们获取、运用和创造知识的知识，以及面临问题做出判断和提出解决方法的知识。③ 从以上两个定义来看，知识的主体是能够进行脑力活动的人，其通过具有创造性思维、结构性重组、系统性分析等形式的脑力活动来创造新的知识。知识可以是知识主体通过实践活动而获得的，是对客观事物的反映；也可以是知识主体通过对已有的信息、数据、认识等进行思维整理而获得的，其需要已有的知识作为基础。知识主体运用和创造知识是为了更好地指导实践活动，从而创造出新的知识，服务于社会发展、经济增长和个体成长。

知识产权中的"知识"，首先应是在生活中能够被认知、客观存在的知识。

---

① 何敏：《知识产权客体新论》，载于《中国法学》，2014年第6期，第121~137页。

② 中国社会科学院语言研究所词典编辑室：《现代汉语词典》，商务印书馆2005年版，第1746页。

③ 王众托：《信息与知识管理》，电子工业出版社2010年版，第12页。

例如：日常生活中的常识、书本上的理论知识、古籍上记载的诗词歌赋等，其能够通过脑力活动被认知，被运用来指导我们的行动，让我们的生活更加丰富多彩。世间客观存在的、能够被认知的知识很多，并不是所有的都能成为知识产权的内涵所指向的知识，正如水作为人类生存不可或缺的一种物质，能够被称为"矿泉水"的必须是含有溶解的矿物质，有一项或多项指标合格的水。知识产权作为法律制度的一项重要内容，其内涵所指向的"知识"需要通过一定的规则的筛选，符合法律的要求。须遵循法的第二性原理，即服务于人的需要，而被导入规范的功能，法律只从规范的目的出发对该事物进行界定。[①] 知识产权语境下的知识应依附于进行独创性活动的知识主体，其内容具有领先性，为知识主体所专有。从历史的发展过程来看，新产生的知识能够被运用到实践中，对生活方式、经营模式、技术革新产生变革，促进社会的发展发生作用。在法律制度中，对人的创造性活动进行保护和激励是法律制度的重要价值取向，只有对处于领先地位的知识予以保护，才能激发更多的人投入到创新活动中，进而推动社会的发展。知识产权作为一项重要的产权制度，具有排他性，其所指向的知识也具有排他性，即其为知识主体所专有，且同样的知识只能申请一个知识产权予以保护，不同知识主体对同样的知识不能再申请相同的知识产权。

第二节　知识产权保护的历史演进

知识产权作为一项权利制度，赋予权利人在一定时期内的独占性、垄断性的权利，可以给权利人带来较高的经济利益。从国家层面来讲，知识产权制度能够激励公民个人进行创新活动，从而产生新的知识产品，进而促进社会发展和经济增长，提升国家的综合国力。从知识产权的发展来看，知识产权制度作为一项调节工具，承担着激励创新活动、维护公共利益、促进国家间技术交流与合作的任务。

一、专利的发展

对技术发明授予独占权，在公元前雅典国王时代就开始了。到了中世纪，

---

① 方江宁：《知识产权法基础理论》，知识产权出版社 2014 年版，第 31 页。

西欧国家的君主为了发展经济，赐予商人和能工巧匠在一定时间内免于纳税并独家经营某种新产品的特权。13 世纪的英国也开始授予这种权力，但值得注意的是由于受到重商主义经济学的影响，其侧重点不是放在鼓励本国的发明创造，而是在从国外引进新的工业和技术上。[①] 这种授予特许权的方式，起到了激励的作用，带动了技术的传播和利用，促进了社会的发展。特许权具有垄断性、专有性、期限性等知识产权的属性，但其没有以法律的形式被固定下来，被视为知识产权的萌芽。英国将特许权授予技术工匠，对技术创新进行了激励，伴随着航海事业的发展，海外需求市场扩大，毛纺织产业的迅速发展。羊毛需求量的增大，导致地主将土地和公用地用篱笆圈上，并强占农民的土地饲养羊，这就是"羊吃人"的"圈地运动"。工业发展、竞争的加剧，迫使资本家在生产中采用更多的新发明、新创造以提高生产效率，获得超额利润。但英国专利制度的滥用也阻碍了经济的发展。王室利用欺骗性的虚假申请，授予显贵、宠臣以专利特权。为了增加王室收入，甚至对不该授予专利的日常生活用品，小至淀粉、油盐都一律给予专利保护。[②] 在这样的历史背景下，英国议会于 1623 年通过的《垄断法案》对王室授予特许权上进行限制，规定了专利权的主体条件、专利的取得、权利期限等内容。

　　美国的专利权产生较英国晚，但是在国家建立之初就开始进行。美国独立之前，技术发明人需要向殖民地的负责部门申请权利保护，符合条件者被授予专利权，权利只在殖民地范围内受到保护。不同殖民地国家在北美大陆对专利权的保护不同，相互之间难以统一。1787 年 8 月 18 日，制宪会议代表麦迪逊（来自弗吉尼亚）和平克尼（来自南卡罗来纳）分别向制宪会议提出了赋予联邦立法机关保护发明人专利权的建议。麦迪逊的建议为"保障文艺作者一定期限的版权"和"通过给予奖金和制度规定，鼓励有用知识与发明的进步"。平克尼建议，"给有用的发明授予专利"和"保障作者一定期限的排他性权利"。[③] 美国制宪会议于 1987 年制定的《美国宪法》第 1 条第 8 项规定："（国会有权）……通过保护作者和发明人就其作品和发明一定期限的专有性权利，以促进科学和实用技术的进步"，赋予了国会对知识产权事务进行管辖的权利。以此条规定为依据，此后美国制定了《版权法》《专利法》等法律，该条也被称为"知识产权条款"。根据《美国宪法》的规定，1790 年 2 月 16 日，美国

---

① 何勤华，李秀清：《外国民商法》，复旦大学出版社 2015 年版，第 146～147 页。
② 何勤华，李秀清：《外国民商法》，复旦大学出版社 2015 年版，第 147 页。
③ 杨利华：《美国专利法史研究》，中国政法大学出版社 2012 年版，第 49 页。

国会通过了第一部《专利法》，由美国总统签署生效。该法规定成立专利委员会，负责审查和授予专利。1793 年，国会通过了新的专利法案，专利申请注册制取代了审查制，其不要求进行实质性审查，只要申请人提交材料并支付费用，便可获得专利。1836 年，美国国会对《专利法》进行了修订，设置专利局负责专利事务，对专利申请进行实质性审查，确立了专利申请的审查制，对具有新颖性和实用性的申请授予专利。该法案确立的专利申请审查制度一直被沿用至今，对后世知识产权的立法产生了深远的影响。在此之后，美国国会多次对该法案进行了修订，逐渐形成了统一完善的专利制度。

二、商标权的发展

公元前 1 千多年的埃及，人们开始在物品上做一些标记。在古希腊、罗马时期，人们在物品上也做有一些文字或图形标记，这些标记的出现主要是为了征税。这些标记还不具备商标所具有的竞争性、排他性等特征，被视为是商标的萌芽。11 至 13 世纪，由英国开始的贸易大潮蔓延至欧洲，行会开始发挥重要的作用。行会是享有特权的组织，其对成员行为进行制约，内部规则严格。为加强对产品质量的管理，行会要求其成员必须选择一个标记终生使用，并把这个标记刻在自己生产的产品上，以表明产品生产者的身份，维护行会的信誉。行会对存在质量问题的产品或假冒他人产品的情况予以查处，对相关责任人进行处罚。这时这些标记已经开始具有商标的一些特征了。1618 年，英国法庭就做出过一宗假冒他人商标的判例。到了 1742 年，上议院大法官霍得威克（Lord Hardwicks L C.）在《布兰主尔得诉希尔》一案中，肯定了历史上判例的效力。他认为第一个在贸易中使用某一商标的人，有权禁止他人使用可能使顾客误解的相似的商标。这就是英国采用"使用在先"原则的起因，也是英国普通法对商标实行保护的依据。[①]

工业革命开始之后，技术不断得到发展，传统手工业生产的方式开始逐渐被机器所取代，大规模的工厂取代了手工作坊。机器提高了生产效率，使得分工越来越细，产品的种类也越来越多。市民在购买产品的时候，需要通过商标去辨识产品的生产者、质量等，这就需要对商标进行立法保护。1804 年，法国政府颁布的《拿破仑法典》对商标权予以了法律保护。1857 年，法国颁布了《关于以使用原则和不审查原则为内容的制造标记和商标的法律》，是世界

---

① 钱益明：《商标法指南》，万里书店 1989 年版，第 36 页。

上第一部关于商标的成文法。自 17 世纪开始，英国对商标权的保护主要通过禁止假冒的形式进行。1862 年，英国颁布了《商品标记法》，该法沿用禁止假冒他人商品的规则，对假冒他人商品的行为予以制裁，但缺乏对商标的财产权利的确认。1875 年，英国颁布了《商标注册法》，设立了注册商标制度。商标进行注册需要符合一定的条件：一个商标包括以下一项或者数项要素，即以某种特殊手段印刷、印刻或者编织的个人姓名和公司名称；手写、复制的个人签名以及公司签章；具有区别性的标记、标识、抬头和标签；前述一项或多项要素可能同时附有字母、词汇、数字或是字母、词汇、数字的组合；以及本法颁布以前已经被使用的任何特殊的、具有区别性的词汇、数字或者字母的组合，可以依据本法进行注册。[①] 由于当时英国不要求商标都必须注册，故在发生商标权争议时，对于已经注册商标的所有人，可以寻求商标法或普通法上的司法救济保护。因此，注册商标所有人的权利来自商标法及商标的合法注册；而未注册商标所有人的权利，则来自普通法和对该商标的首先使用。[②]

　　1870 年，美国在判例法的基础上制定了第一部统一的商标法《联邦商标条例》，并在同年 8 月对商标侵权行为适用刑事制裁进行了补充。该法实施 7 年后，被联邦最高法院判决违反宪法而被废止。1881 年，美国颁布了新的《商标法》，该法于 1905 年进行了修订，将注册商标和虽未注册但其使用超过一州地域的商标，都纳入联邦商标法的调整范畴，逐步完善了现代商标法制。[③] 1946 年，美国国会制定了《兰汉姆法》，该法于 1975 年、1982 年进行了修订，其特征是采用了彻底使用原则、审查原则、申请公示制度、服务标识、证明标章制度等。[④] 1874 年，德意志帝国制定了《商标保护法》，采用了"不审查原则"。1894 年，德意志帝国又制定新的商标法，采用了"审查原则"。1936 年 5 月 5 日，德国公布了《商标法》，该法于 1957 年、1967 年进行了修改，主要包括商标申请人、鉴别性特征、商标注册手续、注册在先原则、对侵权行为的规制、保护期等内容。1979 年通过修订该法，引入了服务标识的注册制度。1990 年德国统一之后，对商标法进行调整，1992 年颁布的《工业所有权扩张法》扩大了东德和西德商标权的保护对象的范围。[⑤]

---

① Trade—Marks Registration Act，1875，38&·39 Vict. . c 9I. § 10.
② 何勤华、李秀清：《外国民商法》，复旦大学出版社 2015 年版，第 155 页。
③ 佟柔：《中华法学大辞典》（民法学卷），中国检察出版社 1995 年版，第 449 页。
④ 方江宁：《知识产权法基础理论》，知识产权出版社 2014 年版，第 218 页。
⑤ 方江宁：《知识产权法基础理论》，知识产权出版社 2014 年版，第 218 页。

三、版权的发展

"版权"往往会与"出版"相联系，被理解为与出版相关的权利。"版权"在早期被看作是文字作品受到保护的权利，文字作品通过印刷出版，进入到人们的生活中，被广泛传播，版权与印刷紧密联系在一起。世界上第一部版权法在英国颁布时，就连英文中也还没有"版权"一词。① 早期版权对人身权利的偏重优于财产权利。在古希腊和罗马，剽窃被视为一种可耻的行为，在人们的观念中，作品应属于创造它的作者所享有。② 在这一时期，版权主要对权利人精神权利予以维护，对抄袭、剽窃等行为进行制裁，以维护版权人的权益。圣哥伦巴（St. Columba）偷偷摸摸模仿艾勃特的诗篇（大约在公元 567 年）成为中世纪轰动的案件，并导致了罢黜国王戴米德（Diarmid）的内战。③ 15 世纪末，随着印刷技术的使用，书籍的印刷效率得到了提高，一部书稿能够较快地印刷成册，投放到市场中，供公众选择购买。加之文艺复兴的热潮，人们不再满足于手抄书的使用，对印刷质量更高的书籍展现出更高的购买欲。但当时的统治者为了禁止反对自己统治的作品的出版，禁止新思想的传播，采取颁发许可证的办法对印刷商加以限制。印刷图书要由统治者授予特别许可证，这就是最早的版权形式。④ 印刷技术的提高，也带来了盗版印刷的出现，使书商和印刷商的合法权益受到侵害，需要对其进行保护，版权保护进入到保护传播者的阶段。在 15 世纪，威尼斯政府授予印刷商出版专用权，受保护的主体就是出版商和印刷商。⑤

随着社会的发展，作者渐渐地并不满足于精神上的荣誉，想要从自己的著作中获得财产权益。1709 年，英国议会通过了《为鼓励知识创作而授予作者及购买者就其已印刷成册的图书在一定时期内之权利的法》，因为该法由安娜女王颁布，所以被称为《安娜女王法》。《安娜女王法》是世界上第一部版权法，该法于 1710 年生效。《安娜女王法》对作者的权利和出版商的权利进行了平衡和协调，由原本保护出版商的权利转向保护作者的权利，将出版商的垄断

---

① 刘家瑞：《郑成思知识产权文集 2》（版权及邻接权卷一），知识产权出版社 2017 年版，第 4 页。
② 何勤华，李秀清：《外国民商法》，复旦大学出版社 2015 年版，第 159 页。
③ ［荷］T. 普洛波，［美］D. P. 埃利：《教育技术》，西南师范大学出版社 2011 年版，第 298 页。
④ 王骅：《版权理论与实务》，广西教育出版社 1991 年版，第 116 页。
⑤ 王肃：《知识产权保护教程》，知识产权出版社 2015 年版，第 165 页。

特权交由作者享有，这尊重了作者的权益，激发了作者的文学创作热情，促进了文学发展的繁荣。该法对作者权利期限进行了明确，自出版之日起 14 年，期满后作者未去世的，还可延长 14 年。《安娜女王法》在世界上首次承认作者是版权保护的主体，第一次以法律的形式对版权的有效期与地域范围进行了限制（这也是版权所属的知识产权这种无形产权与物权等有形产权的显著区别之一）。它确立了近代意义的著作权思想，对世界各国后来的版权立法产生了重大影响。①《安娜女王法》颁布后，经过 1814 年、1842 年、1911 年以及 1956 年多次修订得到了不断的完善。

受英国《安娜女王法》的影响，法国国王路易十六于 1777 年颁布了 6 项法令，确认作者有权出版和销售自己的作品。1789 年，法国大革命时期的纲领性文件《人权宣言》第 11 条规定：“自由交流思想与意见乃是人类最为宝贵的权利之一。因此，每一个公民都可以自由地言论、著作与出版，但应在法律规定的情况下对此项自由的滥用承担责任。”18 世纪末，大陆法系国家将天赋人权思想引入到了著作权理论中，认为作品不同于其他商品，首先是作者人格的反映，在著作权中，人格权是首要的，财产权次之，从而确立了以保护作者精神权利为中心的著作权观念。② 1791 年，法国颁布了《表演权法》，其规定：没有作者的正式书面认可，所有在世作者的作品都不得在法国境内的公共剧场演出。否则，为了作者的利益可将演出的全部收入没收。③ 1793 年，法国颁布了《作者权法》，规定了作者对自己作品享有专有权利，强调了对作者的精神权利的保护，对作者的专有复制权进行了规定，体现出以作者权利为中心的特点。

1783 年，康涅狄格州（Conneticut）首先依据《安娜法令》的原则和内容，制定了美洲大陆上第一个著作权法。至 1786 年，除特拉华州以外，各州纷纷根据自己的不同特点相继制定了著作权法。④ 受英国《安娜女王法》的影响，根据《美国宪法》第 1 条第 8 款的“知识产权条款”，1790 年，美国国会颁布了《联邦著作权法》，这是美国第一部统一的著作权法。《联邦著作权法》主要保护书籍、地图与图表，为获得保护需要进行注册登记、公告等手续，保护期限为 14 年。该法于 1802 年、1831 年、1834 年、1903 年经过多次的修订，并在 1909 年修订中加入了强制授权制度。1976 年，美国对原著作权法进

---

① 李华伟：《数字时代图书馆版权问题分解》，哈尔滨工业大学出版社 2016 年版，第 2 页。
② 赵宾，李林启：《知识产权法》，清华大学出版社 2012 年版，第 176 页。
③ 李伟民：《法学辞源（1—5 册）》，黑龙江人民出版社 2002 年版，第 2183 页。
④ 来小鹏：《知识产权法学》，中国政法大学出版社 2015 年版，第 46 页。

行了修订，新法于 1977 年生效。其主要修正之处是：①废弃了由普遍法与联邦实定法保护的双轨制，实行制定法的单一保护制，废除了出版主义。②为适应《伯尔尼公约》的需求，著作权的保护期改为：作者终身加死后 50 年。③著作权保护范围更为详细具体，所列作品均有明确定义（见该法 101 条）。④新法规定著作权可以部分转移，摒弃了著作权不可分论的旧观念。⑤合理使用的范围扩大且详细具体，尤其是对图书馆的复制权和有限传播等规定。①

第三节　知识产权的国际保护

从知识产权的发展来看，知识产权由君主的"特许权"萌芽转变为具有人身性、财产性的法律制度，受到国家立法的规范。伴随着技术的发展和经济全球化的加快，知识产权参与国际贸易的范围越来越广，也出现了在其他国家被侵权的现象。法律不具有域外效力，只能在本国范围内进行规范，外国人对侵犯本国知识产权人利益的行为进行惩罚和知识产权在国家之间的权益保障需要由国际公约进行规范，需要由国际组织来进行协调。

一、《保护工业产权巴黎公约》

1873 年，国际发明博览会在奥匈帝国首都维也纳举行，由于缺乏知识产权的国际保护，担心本国的知识产权被外国人抢先申请，许多国家不愿意参加博览会。为了举办好博览会，奥匈帝国通过一项特别法，对外国参展的工业产权权益予以临时保护，并举办了关于工业产权保护的国际会议，共同探讨对工业产权的国际保护。1883 年，国际发明博览会在法国巴黎举行，此博览会举办了保护工业产权的国际会议，在遵循各国专利立法的基本原则基础上，成立了保护工业产权公约起草委员会。会议授权委员会起草关于保护工业产权的国际公约，公约草案起草完毕后，提交各国讨论通过。1883 年 3 月 20 日，法国、荷兰、葡萄牙、意大利、巴西、西班牙、瑞士、比利时、塞尔维亚、萨尔瓦多、危地马拉共计 11 个国家在巴黎签署了以专门保护工业产权为内容的国家公约——《保护工业产权巴黎公约》（Paris Convention on the Protection of Industrial Property）。1884 年 7 月 7 日，《保护工业产权巴黎公约》生效，英

---

① 刘春茂：《知识产权原理》，知识产权出版社 2002 年版，第 111 页。

国、突尼斯和厄瓜多尔加入公约。公约先后于 1900 年、1911 年、1925 年、1934 年、1958 年、1967 年、1979 年进行修订，截至 2017 年阿富汗正式加入后，缔约国已有 177 个。目前，绝大多数缔约国受《保护工业产权巴黎公约》1967 年斯德哥尔摩修订本的约束，我国也受 1967 年斯德哥尔摩修订本的约束。《保护工业产权巴黎公约》是世界上第一部对知识产权进行保护的国际公约，打破了知识产权保护的地域限制，使得知识产权在缔约国之间能够得以相互保护，促进了科学与技术的国际交流，助推了世界经济的繁荣、发展。

《保护工业产权巴黎公约》1967 年斯德哥尔摩文本共有 30 条，包括：工业产权的范围、保护原则、专利和商标的保护、联盟大会、执行委员会、国际局等内容。《保护工业产权巴黎公约》第 1 条就对工业产权的范围进行了规定："工业产权的保护对象有专利、实用新型、外观设计、商标、服务标记、厂商名称、货源标记或原产地名称和制止不正当竞争。对工业产权应作最广义的理解，不仅应适用于工业和商业本身，而且也应同样适用于农业和采掘业，适用于一切制成品或天然产品，如酒类、谷物、烟叶、水果、牲畜、矿产品、矿泉水、啤酒、花卉和谷类的粉。专利应包括本联盟国家的法律所承认的各种工业专利，如输入专利、改进专利、增补专利和增补证书等。"从以上规定可以看出，《保护工业产权巴黎公约》保护的范围比较广，不仅包括了专利、实用新型、外观设计这些国家发展中需要进行鼓励和保护的权利，还包括了在商业经济发展中，广泛使用到的以表明产品身份的商标、服务标记、厂商名称、货源标记或原产地名称，以及规范商业活动并制止不正当行为；《保护工业产权巴黎公约》还对包括农业和采掘业在内的一切制成品或天然产品及联盟国家法律所承认的专利也予以了保护。

《保护工业产权巴黎公约》（以下简称《巴黎公约》）还确定了国民待遇原则、优先原则、独立性原则、临时保护原则等保护知识产权的原则。

（一）国民待遇原则

国民待遇是指缔约国一方保证缔约国另一方的公民、企业和船舶在本国境内享受与本国公民、企业和船舶同等的待遇。[①] 在《巴黎公约》中，"国民待遇"包括两方面的含义：一是在工业产权的保护上，各成员国必须在法律上给予其他成员国的国民以本国国民能够享有的同样待遇，这反映在公约第 2 条中；二是即使对于非公约成员国的国民，只要他在某一个成员国国内有住所，

———————————————

① 陈海峰：《企业经营与 WTO 规则的适用》，中国方正出版社 2006 年版，第 46 页。

或有实际从事工、商业活动的营业所，也应当享有同该成员国国民相同的待遇，这反映在公约第 3 条中。对于公约成员国的国民来说，赋予其国民待遇则不能要求他们必须在成员国国内有居住地或营业所。[1] 保护成员国国民的利益，促进知识产权的国际流通是《巴黎公约》及其他国际公约制定的主要目的，《巴黎公约》第 2 条、第 3 条将国民待遇原则进行了明确，将其作为公约的重要前提条件。后面制定的国际公约也将国民待遇原则作为重要内容，以强化成员国之间对本国国民利益的保护。

（二）优先权原则

优先权原则是指已经在一个成员国正式提出了发明专利、实用新型专利、外观设计专利或商标注册的申请人，在其他成员国提出同样的申请，在规定期限内应该享有优先权。[2]《巴黎公约》第 4 条对优先权进行了规定，即享有国民待遇的人以一项工业产权（专利、实用新型、外观设计、商标）在成员国首次提起申请后，在一定期间内又以同一工业产权在其他成员国提出申请时，以第一次提出申请的时间为有效申请时间。公约规定对专利和实用新型自第一次申请日起有 12 个月的优先权期间，外观设计和商标自第一次申请日起有 6 个月的优先权期间。公约规定的优先权属于一种保护性权利，在一定期限内对已提出申请的工业产权给予特殊保护，以便于申请人在成员国之间进行权利申请，防止他人的恶意抢先申请。按照公约的规定，优先权的行使需要具有一定的条件：申请人应是成员国享有国民待遇的人，这里的人可以是自然人及其权利继承人，也可以是法人。申请人在行使优先权时应对提出该申请的日期和受理该申请的国家进行说明，说明中必须标明记载在主管机关出版物中的号码。成员国可以要求申请人提交以前申请的副本，该副本应经原受理申请的机关证实无误，不需要任何认证，并且无论如何可以在提出申请后的 1 到 3 个月内随时提交，不需缴纳费用。

（三）专利、商标独立原则

《巴黎公约》第 4 条之 2 规定：本联盟国家的国民向本联盟各国申请的专利，与在其他国家，不论是否本联盟的成员国，就同一发明所取得的专利是互

---

① 刘丽娟：《郑成思知识产权文集——国际公约与外国法（卷二）》，知识产权出版社 2017 年版，第 695 页。

② 丁丽瑛：《知识产权法》，厦门大学出版社 2014 年版，第 443 页。

相独立的。该条表明各国在专利授予上是独立的，依照本国法律的规定，决定是否授予专利权，成员国对各自专利权的授予不相互影响。《巴黎公约》第 4 条之 4 规定：不得以专利产品的销售或依专利方法制造的产品的销售受到本国法律的限制或限定为理由，而拒绝授予专利或使专利无效。表明了公约的目的之一是促进技术进步和保护权利人权益。《巴黎公约》第 6 条规定：（1）商标的申请和注册条件，在本联盟各国由其该国法律决定。（2）但对本联盟国家的国民在本联盟任何国家提出的商标注册申请，不得以未在原属国申请、注册或续版为理由而予以拒绝，也不得使注册无效。（3）在本联盟一个国家正式注册的商标，与在联盟其他国家注册的商标，包括在原属国注册的商标在内，应认为是互相独立的。表明各个国家对商标的申请和注册是依据本国法律进行的，成员国对各自商标注册不相互影响，商标在不同国家取得注册，也是独立的。专利、商标独立原则充分尊重了国家的主权，将不同国家的政治、经济、文化等因素之间的差异进行了充分考虑，有利于对专利权和商标权的保护。

（四）临时保护原则

《巴黎公约》第 11 条（1）规定：本联盟国家应按其该国法律对在本联盟任何国家领土内举办的官方的或经官方承认的国际展览会展出的商品中可以取得专利的发明、实用新型、外观设计和商标，给予临时保护。国际展览的临时性保护主要是为了对参加展览商品的知识产权予以保护，尊重权利人的意愿，防止权利被侵害。临时性保护有两个条件：一是展览会必须是国际性的；二是展览会必须是官方承认的，并且临时保护的展品所有人必须取得举办国际展览会的那个成员国的有关当局的书面证明，内容包括公开展出的日期和展品是否确属展览会展出的物品。只有符合条件的展品，才能受到临时性保护。[①]

二、《保护文学和艺术作品伯尔尼公约》

19 世纪初，欧洲的文学、艺术创作取得了长足的发展，产生了许多优秀的文艺作品，国家也通过立法来保护作者的权益。19 世纪中叶，国家之间开始签订一些保护版权的双边条约，以保护本国公民的权益，促进文学、艺术作品的传播。1878 年，国际文学艺术协会在巴黎成立。1883 年，协会起草了一份保护文学、艺术作品作者权利的公约，并提交瑞士政府。1886 年 9 月 9 日，

---

① 蒋言斌：《知识产权：原理、规则与案例》，中南大学出版社 2016 年版，第 330 页。

公约在伯尔尼举行的国家著作权大会上通过，被命名为《保护文学和艺术作品伯尔尼公约》（Berne Convention for the Protection of Literary and Artistic Works，简称《伯尔尼公约》）。《伯尔尼公约》是世界上第一部保护版权的国际公约，维护了版权人的合法权益，促进了文学、艺术事业的交流和发展。公约经过了多次修改，1791 年文本是大多数缔约国批准的文本。

《伯尔尼公约》第 2 条对其保护范围进行了明确，主要有：（1）文学艺术作品。"文学和艺术作品"一词包括文学、科学和艺术领域内的一切成果，不论其表现形式或方式如何，诸如书籍、小册子和其他文字作品；讲课、演讲、讲道和其他同类性质作品；戏剧或音乐戏剧作品；舞蹈艺术作品和哑剧；配词或未配词的乐曲；电影作品和以类似摄制电影的方法表现的作品；图画、油画、建筑、雕塑、雕刻和版画作品；摄影作品和以类似摄影的方法表现的作品；实用艺术作品；与地理、地形、建筑或科学有关的插图、地图、设计图、草图和立体作品。（2）演绎作品和汇编作品。翻译作品、改编作品、改编乐曲以及某件文字或艺术作品的其他改变应得到与原著同等的保护，而不损害原著作者的权利。文字或艺术作品的汇集本，诸如百科全书和选集，由于对其内容的选择和整理而成为智力创作品，应得到与此类作品同等的保护，而不损害作者对这种汇集本内各件作品的权利。（3）由成员国决定是否保护的作品。但本联盟各成员国法律有权规定仅保护表现于一定物质形式的文学艺术作品或其中之一种或数种。本联盟成员国得以立法确定对立法、行政或司法性质的官方文件及这些文件的正式译本的保护。本联盟成员国得以立法规定涉及实用美术作品及工业设计和模型的法律的适用范围，并规定此类作品，设计和模型的保护条件。在起源国单独作为设计和模型受到保护的作品，在本联盟其他成员国可能只得到该国为设计和模型所提供的专门保护。但如在该国并不给予这类专门保护，则这些作品将作为艺术品得到保护。（4）不予以保护的情况。本公约所提供的保护不得适用于日常新闻或纯属报刊消息性质的社会新闻。

作为国际版权保护的重要公约，各成员国应该遵守《伯尔尼公约》条文，并将其作为本国法律的最低内容予以保障。《伯尔尼公约》确定了以下原则：

（一）国民待遇原则

国民待遇是指各成员国给予外国作者同本国作者相同的权利。《伯尔尼公约》第 5 条第 1 款规定：就享有本公约保护的作品而论，作者在作品起源国以外的本同盟成员国中享有各该国法律现在给予和今后可能给予其国民的权利，以及本公约特别授予的权利。该条对成员国作者享受到的国民待遇予以了明确，成员国对其他成员国的作者应给予本国立法的权利保护。《伯尔尼公约》第 5 条第 3 款规定：起源国的保护由该国法律规定。如作者不是起源国的国民，但其作品受公约保护，该作者在该国仍享有同本国作者相同的权利。该条表明作者受到公约保护，享有公约规定的在成员国的权利。《伯尔尼公约》第 5 条第 4 款还对作品的"起源国"进行了详细的说明。与《保护工业产权巴黎公约》相比较，《伯尔尼公约》规定的国民待遇原则对作品的起源国进行了界定，使作品能够更好地受到保护。

（二）自动保护原则

《伯尔尼公约》第 5 条第 2 款规定："享有和行使这些权利不需要履行任何手续"，表明作者在其他成员国享受到保护不需要履行任何手续，保护是自动产生的。《伯尔尼公约》所说的"无须经过任何手续"，包括无须登记、无须交存样书、无须交费，也无须任何特别标记。无论本国国民已出版或未出版的作品，还是外国国民在公约成员国首先出版的作品，均享有完全的自动保护。[①]

（三）独立保护原则

《伯尔尼公约》第 5 条第 2 款规定："也不论作品起源国是否存在保护。因此，除本公约条款外，保护的程度以及为保护作者权利而向其提供的补救方法完全被要求给以保护的国家的法律规定。""也不论作品起源国是否存在保护"表明在起源国对作品的保护和其他成员国对作品的保护可以是相对独立的，即使起源国对作品的保护有特定要求，作品没有达到特定要求，而达到其他成员国的保护要求，也应收到该成员国的保护。"保护的程度以及为保护作者权利而向其提供的补救方法完全被要求给以保护的国家的法律规定"涉及著作权的地域性问题，保护应按照被要求给予保护国家的法律进行。

（四）最低保护限度原则

最低保护限度原则指各成员国对本国作者和外国作者作品的保护都不得低于公约规定的限度。《伯尔尼公约》第 2 条对公约保护的范围进行了明确，各成员国应对公约所规定的权利范围予以保护。《伯尔尼公约》规定的戏剧作品、音乐戏剧作品和音乐作品的作者可以授权公开表演和演奏其作品的权利，文学

---

① 刘丽娟：《郑成思知识产权文集——国际公约与外国法（卷一）》，知识产权出版社 2017 年版，第 438 页。

作品的作者授权公开朗诵其作品和用各种手段公开播送其作品的朗诵的权利，文学艺术作品的作者享有授权对其作品进行改编、音乐改编和其他变动的专有权利等这些都应在成员国予以保护。

三、《成立世界知识产权组织公约》

1883 年，《保护工业产权巴黎公约》在巴黎签订，形成了以保护工业产权为目的的保护工业产权巴黎联盟。1886 年，《保护文学艺术作品伯尔尼公约》在伯尔尼签订，形成了以保护文学艺术作品相关权利为目的的保护文学艺术作品伯尔尼同盟。1893 年，巴黎联盟与伯尔尼联盟将负责各自日常事务的机构合为一体，成立了"知识产权保护联合国际局"（United International Bureau for the Protection of Intellectual Property）该国际局的通用简称为 BIRPI，是其法语全称的缩写。[1] 为了协调知识产权的国际保护，1967 年 7 月 14 日，参加保护工业产权巴黎同盟与保护文学艺术作品伯尔尼同盟的 51 个国家在斯德哥尔摩召开会议，共同签订了《成立世界知识产权组织公约》，决定成立世界知识产权组织（World Intellectual Property Organization）简称"WIPO"。公约于 1970 年 4 月 26 日生效。公约确定将 BIRPI 移交给世界知识产权组织，作为该组织的秘书处。巴黎联盟和伯尔尼联盟则成为世界知识产权组织的两个所属机构。[2] 1970 年，世界知识产权组织正式成立。1974 年，世界知识产权组织成为联合国的专门机构之一。

《成立世界知识产权组织公约》共有 21 条，第 1 条明确了建立世界知识产权组织这一重要目标。第二条对公约涉及的相关机构、组织、公约进行了定义，对知识产权内容进行了明确。"知识产权"包括有关下列项目的权利：①文学、艺术和科学作品；②表演艺术家、录音和广播的演出；③在人类一切活动领域内的发明；④科学发现；⑤外形设计；⑥商标服务标记、商号名称和牌号；⑦制止不正当竞争；⑧以及在工业、科学、文学或艺术领域内其他一切来自知识活动的权利。第 3 条和第 4 条分别规定了世界知识产权组织的宗旨和职责：通过建立世界知识产权组织促进知识产权的国际保护，促进国家之间和国际组织之间的知识产权合作，执行保护工业产权巴黎联盟、保护文学艺术作品伯尔尼联盟的相关任务。第 5 条规定了成员国的资格：凡是巴黎联盟、与该

---

[1] 唐广良，董炳和：《知识产权的国际保护》，知识产权出版社 2002 年版，第 28 页。
[2] 贾玉斌：《广告与营销辞典》，中国工商出版社 2006 年版，第 296 页。

联盟有关的各专门联盟与协定、伯尔尼联盟以及同意担任或参加任何其他旨在促进保护知识产权的国际协定的行政事务的国家，联合国成员国、与联合国有关系的任何专门机构的成员国、国际原子能机构的成员国或国际法院规约的当事国，或应大会邀请成为本公约当事国都有资格参与世界知识产权组织。公约还对大会、成员国会议、协调委员会、国际局、财务等内容进行了规范。

四、《与贸易有关的知识产权协议》

世界知识产权组织的成立对知识产权的国际交流和保护起到了很好的促进作用，但是也存在一定的局限性。世界知识产权组织对知识产权保护的许多条约标准比较低，一些发达国家认为不利于自己国家的利益，也缺乏解决知识产权国际贸易纠纷的专门机构。随着科学技术水平的发展，在国际贸易中出现了越来越多的技术贸易，高技术产品的跨国交易容易被仿冒，权利人的合法权益得不到有效的保障，涉及知识产权争端的跨国案件越来越多。尽管国际社会已签订了一些国际公约，但尚存在三大问题未解决：①原有的保护知识产权的国际公约和协定，相对于迅速发展的知识产权的保护来说，还不够完善和充分；②这些条约和协定只是针对知识产权国际保护的一般情况缔结的，对国际贸易中知识产权的保护问题所涉不多；③有效解决国际贸易中知识产权争端和监督管理知识产权的国际保护机制也不够健全。[①] 这些问题的出现，不利于知识产权的国际贸易，需要有新的协议予以规制。为了建立一套更有效的国际知识产权贸易保护体系，以美国为代表的发达国家与发展中国家进行了谈判，于1992年12月达成了《与贸易有关的知识产权协议》（Agreement on Trade-Related Aspects of Intellectual Property Rights，缩写 TRIPs）草案，其于1994年在摩洛哥举办的成员国部长级会议上完成签署，列入世贸组织协议。该协议于1995年7月1日正式生效，是目前保护知识产权最主要的国际协议之一。

《与贸易有关的知识产权协议》共有73条，分为总则和基本原则，关于知识产权效力、范围和使用的标准，知识产权的实施，知识产权的取得和维持及当事方之间的相关程序，争端的防止和解决，过渡性安排，机构安排和最后条款7个部分。《与贸易有关的知识产权协议》确定了保护知识产权的若干原则：①国民待遇原则。协议第3条规定：在服从分别在1967《巴黎公约》、1971

---

① 郑国辉：《知识产权法学理论·实务·案例》，中国政法大学出版社2015年版，第466页。

《伯尔尼公约》《罗马公约》或《有关集成电路知识产权条约》中已做的例外规定的条件下，在保护知识产权方面，每一成员方应给予其他成员方的待遇其优惠不得少于它给予自己国民的优惠。对于录音及广播机构的表演者、制作者，本项义务只对本协议中规定的权利适用。任何利用由1971《伯尔尼公约》第6条或《罗马公约》第16条第1款第（2）子款所规定之可能性的成员方均应向与贸易有关的知识产权理事会做出在那些条款中预知的通报。②最惠国待遇原则。协议第4条规定：在知识产权的保护方面，由一成员方授予任一其他国家国民的任何利益、优惠、特权或豁免均应立即无条件地给予所有其他成员方的国民。但同时也对4种例外情形予以规定。③防止权利滥用原则。协议第7条明确指出促进技术革新、转让和传播，助推社会经济发展的目标。第8条规定为保护社会公共利益，需要采取措施防止权利滥用对知识产权国际贸易产生损害。④透明度原则。协议第63条规定了成员国应将本国有关知识产权国际贸易的法律、法规及普遍适用的司法终局裁决和行政裁定予以公布，通知TRIPs理事会，并按照其他成员的申请提供相应信息。

第二章　知识产权质押的理论来源

第一节　知识产权质押的经济学价值解读

一般意义上讲，知识产权（intellectual property）是一项民事权利，是指人们就其智力劳动成果（发明、外观设计、著作等）所依法享有的专有权利。为了鼓励创新和激发国民创造力，国家通常会对创造者的智力成果或知识产品权属提供法律保障，赋予知识产权权属者在一定时期内的垄断性的专有权或独占权（exclusive right），并使其获得相应的权益。

一、知识产权的经济特征

知识产权是一种私权①，法律应当对这种智力成果给予恰当的保护，但其不同于有形的物质财产，大多则是无形的非物质信息。② 党的十八大指出：科技创新是提升国家综合实力的战略支撑，新时期的中国特色自主创新道路，必须实施创新驱动发展战略，把技术创新摆在突出地位。在不断提升经济增长的质量、加快经济增长方式的大背景下，知识产权在经济生活中的重要性日渐凸显，其经济价值不仅是企业提升核心竞争力的重要资源，也是企业获得可持续发展能力的关键，还是关乎企业盈利能力的重要因素。因此，知识产权的经济性可谓不容忽视。

---

① 知识产权，在我国台湾地区称知识产权为"知识产权权"。世界贸易组织《与贸易有关的知识产权协议》（TRIPs）中，知识产权包括：版权与邻接权、商标权、地理标志权、工业品外观设计权、专利权、集成电路布图设计（拓扑图）专有权。另外，知识产权有狭义与广义之分，狭义知识产权＝工业产权＋版权；广义知识产权＝工业产权＋版权＋边缘保护对象。其中工业产权：专利、商标、货源标记；版权：文学、艺术及科学技术作品、演绎作品（邻接权）、计算机软件；边缘保护对象：技术秘密、网络传播、集成电路布图设计、植物新品种等。

② 杨和义：《论知识产权的法律特征》，载于《知识产权》，2004年第1期，第20～24页。

（一）形态上的无形性和可辨认性

知识产权的无形性常常使其价值性、重要性被长期忽略。从广义上讲，知识产权是无形资产中的一个类别①，而专利权、著作权、商标权等知识产权作为智力成果权属，是一种无形资产，其不同于具有可视性、有形性的固定资产，知识产权并没有实物形态，且不占有一定的空间。在权益交易过程中，知识产权的利用和转移并不表现为有形之物的耗费和转移。知识产权存在的非实物形态决定了其作用与功能不能直观地被反映出来，加之企业在会计业务处理过程中因其价值确认和计量方式还存在的诸多缺陷，使得企业不能完全捕获所有维度上无形资产的价值。② 但是，知识产权的无形性并不能掩盖和取消其价值性和可转让性。③ 不难看出，知识产权是一种没有实物形态的可辨认的非货币资产，其资产属性决定了可以在企业经营过程中，知识产权所有权人可以对其进行占有、使用、收益和处分，在较大程度上享有有形物权的完整权能，知识产权是对世权、绝对权，同时也具有抵押权、债权等衍生权利。④ 知识产权用于生产之中，能提高企业经营能力和生产效率，具有较大的生产要素贡献（factor contribution），并且因为技术领先而为使用人带来合法的垄断利润，进而提高企业的盈利能力，能为企业带来预期的经济利益流入。

从会计学的角度分析，知识产权是企业的无形资产，并作为企业的资产项进行列示、确认和计量，知识产权的账面价值具有可获得性和直观性，其价值当然具有可辨认性。再者，知识产权作为企业的无形资产，其资产收益率、对业绩提升以及企业价值的边际贡献率（marginal contribution rate）均可衡量、可计算。综上所述，知识产权的无形性并不必然导致其价值的不可衡量。同有形的实物资产一样，知识产权具有价值性和可辨认性。

（二）价值的可评估性

在一定意义上，知识产权是一个法学概念，着重强调权属与保障，以及权

---

① 无形资产一般包括专利权、非专利技术、生产许可证、特许经营权、租赁权、土地使用权、矿产资源勘探权和采矿权、商标权、版权、计算机软件等。

② 李思琪：《无形资产价值及其相关性研究》，浙江工商大学硕士学位论文，2017 年 12 月，第 9 页。

③ 由于知识产权独有的这些特殊性，诸多学科对此都有不同定义，根据经济学、管理学、会计学的不同定义。观其共性，知识产权的主要核心意思可以概括为：知识产权为无形资产，指为用于商品或劳务的生产或供应、出租给其他单位或管理目的而持有的、没有实物形态的可辨认非货币性资产。

④ 张玉敏：《知识产权的概念与法律特征》，载于《现代法学》，2001 年第 5 期，第 103~110 页。

利界限。会计领域则主要强调专利技术、商业秘密和商标等无形资产的经济性。依据会计学对资产的定义，该项资产的未来经济利益很可能流入企业，成本能被可靠计量，因为满足这样的条件，知识产权这一类无形资产就能视为资产，其同样具有价值属性。易言之，知识产权具有资产属性，是所有权人所掌握和控制的资源，能够按照会计方法予以计量和确认，能被用于生产和生活之中，并且在未来能带来可靠的经济利益。再者，按照政治经济学原理：任何一项知识产权都凝结了人类劳动，无论是物化劳动还是智力劳动。这就为知识产权的价值评估提供了理论依据和计量基础。众所周知，知识产权的形成过程中，不仅消耗了原材料等有形成本（该成本能可靠计量），还凝结了大量的人类劳动，该人类劳动往往以人力成本的方式进行支付和耗费，这都构成了知识产权的价值基础。按照马克思的政治经济学原理，产品价值＝C（原材料等可变成本）＋V（物化劳动）＋M（剩余劳动）。很显然，知识产权的资产属性决定了其具有价值和使用价值，并且能够计量，具有可评估性。

二、知识产权质押的经济意义剖析

知识产权是一种没有具体物理形态的智力成果和精神财富，其具有法律属性和经济属性。从法律意义上讲，知识产权是人们通过自己的智力劳动和有形物质的耗费，历经时日所创造智力成果后对智力成果这一知识产权客体行使占有、收益和处分的权能。此外，知识产权如果运用于生产经营管理活动中，实际占有人也可以依法享有没让渡的专有权利。本质上，知识产权是将无形的人类智力活动创造的成果与传统的产权理论相结合而产生的一种新的财产权，其与普通财产权一样，也具有相应的对知识财产标的物的占有、收益、使用、处分等权能。由于知识产权的客体是一种没有物质形态的智力"产品"，其客体通过交易、质押和权利让渡，能为相关主体带来收益，亦会因为对之的控制、利用和支配行为而产生利益关系。可以说，知识产权的法律属性决定着权利人的利益格局和利益流向，其经济属性才是知识产权质押的关键所在。

（一）知识产权流动性受限减损无形资产效用

知识产权是一种客观之"物"，其以"特殊许可"的方式，与相关主体产生契约性、合同性的法律关系。知识产权质押通过权利的让渡与交换，产生新的权属关系和利益关系，权利主体通过对该权利的排他性支配，[①] 为自己带来经济利益。不言而喻，知识产权质押法律关系，就是权利主体之间利益关系的交换与变更的关系。不容忽视的是，中国知识产权数量的激增并没有明显地提高知识产权利用率，进而大幅度促进技术进步与社会发展。

1. 知识产权存量与转化率之间不匹配

随着知识经济的不断发展，知识产权已经无可争议地成为经济全球化背景下国家综合实力和可持续发展的核心，也是企业竞争的制高点。因此，我国专利的申请量、授权量、有效量等重要数据指标，在不断地节节攀升，专利市场的容量也在不断扩大，知识产权总量在企业竞争乃至国家竞争方面发挥着重要作用。[②] 但是，我国专利申请主体存在结构性分配不均的问题。从专利申请的主体及申请的领域来看，我国大部分的发明创造集中于科研机构和高等院校。中国高等院校的闲置专利数目庞大，而转化率却低得惊人。据统计，国内211、985 高校校内知识产权的转化率普遍在 1％ 到 4％ 之间，这也就造成了大量的专利的闲置。原因很简单，高校拥有的专利数量排名，是科研机构和高等院校综合实力考量的重要标志性指标。一方面，各大高校为了"双一流"学科和专业建设，以及单位职工职称晋升的需要，学校和教职工不遗余力地申报各类科研项目，在此驱动下，专利拥有数量以惊人的速度增长，这在很大程度上彰显了我国的技术进步和科研实力。但另一方面，基于迎合科研评价体系和职称晋升的需要申请人申请专利时往往只为了完成课题研究和论文，通过成果鉴定便万事大吉，至于下一步科研成果的保护和市场运作已与自己无关，更遑论专利持有人对知识产权的经济价值实现和成果转化了，研究与转化的脱节使专利技术的经济价值的实现被阻却。不容置疑的是，自然人和非经营者拥有知识产权，知识产权持有人占有该项无形资产，如果不能实现资产效用和价值的最大化，势必减损了资产的效用。

2. 知识产权市场交易机制缺乏

在我国"大众创业、万众创新"的积极推动和影响下，知识产权的拥有量急剧增长。但是，与知识产权价值流通相匹配的市场交易机制并没能得到较好的构建，导致知识产权拥有者和知识产权需求者之间的割裂，市场配置资源的功能尚未形成。与此同时，由于法制体系的风险管控机制不够健全，加之缺乏

① 何敏：《知识产权客体新论》，载于《中国法学》，2014 年第 6 期，第 121～137 页。

② 从 1985 年到 2016 年，专利总量已经突破1607.7 万件，其中，授权的发明专利数量已经接近20 万件，实用新型专利的授权数量为 509 万件，外观授权专利的数量分别为 362 万件。2017 年，发明专利数量突破 100 万件。专利市场规模越来越巨大，对国计民生的各个方面的影响也越来越突出。

市场交易的诚信基础和契约精神，市场交易风险仍然是阻碍知识产权交易的主要障碍之一。再者，由于知识产权的无形性和价值的不稳定性，行业自律机制尚未形成，促成知识产权交易双方的中介服务机构较少，甚至无法提供全套的专业服务，这也在较大程度上制约着知识产权的流通。

不难看出，高等院校是我国专利技术等知识产权重要的产生地和富集地，同时也是大量专利的闲置地，其根本原因是我国专利市场机制不健全，且交易规则体系不完善，价值规律在专利市场中未能更好地发挥作用，这极大地阻碍了专利技术等知识产权的经济价值实现。国家通过各类基金项目、委托研究项目、专项课题等方式投入了大量的资金、人力和智力，但其研究成果却未能较好地转化为现实的生产力，这种资源的"后续浪费"与资源配置的无效率并无本质上的差别。再者，知识产权因其特殊性，需要严格和完善的交易规则体系与之匹配，否则其经济价值很难通过市场机制予以体现。

知识产权形成之后，权利持有人的权利，并未投入到生产和生活之中，中国的技术力量和科研实力也没能实现其价值。长期缺乏流动性，知识产权持有人对知识产权的认知无疑会减损其效用预期，并且忽略该产权形成过程需要对成本有一定的认知与控制，这就使知识产权的价值无法有效弥合其与社会成本的偏离，也就很难促进市场活力，扩大公平竞争，推进技术转化和交流，从而实现个体与社会的共赢。

（二）知识产权质押助力经济价值实现

在知识经济时代，产权化的知识是最重要的生产要素和财富资源，与此密切相连的就是知识产权。[①] 在"大众创业，万众创新"的战略倡导下，随着现代金融业的发展，知识产权质押成为知识产权成果转化的重要途径。知识产权质押是指知识产权权利人以合法拥有的专利权、注册商标专用权、著作权等知识产权中的财产权为质押标的物出质，经评估作价后向银行等融资机构获取资金，并按期偿还资金本息的一种融资行为。相对于传统模式下的不动产抵押物，知识产权出质抵押更具特殊性。

---

① 丘志乔：《知识产权：文化产业发展与转变经济发展方式的关键》，载于《广东技术师范学院学报（社会科学版）》，2010 年第 11 期，第 37～40 页。

第二节 知识产权质押的资产属性解析

知识经济是以投入无形资产为主要特征的经济发展模式，知识、智力等无形资产成为保证经济可持续增长的主要因素。知识产权质押作为实现知识产权价值、解决科技型中小企业融资难的有效途径，更能解决一般商业银行和金融机构的"经济人理性选择"① 问题，使知识产权实现从"知识"到"资本"的有效转化。

法律的功能是对物的权利的强制性保护，并划出权利范围和边界。但法律保护物权有一个重要前提：物的有用性，即物的价值，尤其对于所有权人的价值。否则，权利的设定将失去意义和作用，并且会造成法律资源的浪费。知识产权的法律保护也应当注重其经济价值——能为权利人带来预期收益。"一种产权制度的绩效依赖于产权客体的属性，资产属性的不同决定了产权安排的不同，而同样的产权安排应用于不同的资产，其绩效是不一样的"②。注重知识产权的属性差异，方能保证知识产权质押的制度预期效率。

（一）知识产权客体的资产属性

财产与资产并非两个简单的概念或称谓，它们具有较大的经济学属性差异。财产是对有价值的物品的静态称谓，资产是对投入生产经营的有价值物品的动态称谓。③ 从会计学基本理论可知，静态的财产几乎不具有经济价值，只有被投入生产经营中才具有资产的价值和属性，因为它此时才能创造出经济收益，为权利人带来价值。易言之，资产只有被运用到生产经营中，其价值才会被激活、被显现，资产就是在生产经营经济活动过程中的财产。资产的稀缺性决定了其价值性。从人类经济活动过程所知，生产与再生产就是不断进行资源配置的过程，而资源的稀缺性决定了人们在物质的生产、交换和分配环节中必须力求资源效用的最大化。依据经济学基本原理：资源的稀缺性决定了资产具有财产属性，具体表现为资产具有使用价值和价值。资产属性与财产属性虽然

---

① "经济人理性选择"是一个经济学术语，是指当一个人在经济活动中面临若干不同的选择机会时，他总是倾向于选择能给自己带来更大经济利益的那种机会，即总是追求最大的利益是个体行为的基本动机。理性选择是指个人在选定目标后对达成目标的各种行动方案根据成本和收益做出选择。

② 张璟平：《知识产权制度的经济绩效》，经济科学出版社 2010 年版，第 27 页。

③ 龚大春：《论知识产权的资产属性》，载于《当代经济》，2015 年第 12 期，第 124～125 页。

具有同一性和交叉性，但二者最本质的区别在于：资产属性为动态属性，且在生产经营环节中有着动态的变化，其价值大小也呈现出变动不居的状态；反之，财产属性则是静态属性，与生产环节中的价值评估存在较大差异。哲学基本原理告诉我们：属性是事物之间区分的关键因素，该事物所固有的特征和性质，是由该事物的组织结构和构成材料决定的。因此，知识产权的静态财产属性与动态的资产属性存在着较大差异，其权利保护的制度安排和制度设计也应当有所差异，方能契合知识产权的静态财产属性和动态资产属性。也就是说，知识产权法律制度需求，应当厘清动态与静态的客体差异。

1. 知识产权客体的资产属性解析

虽然《建立世界知识产权组织公约》用列举的方式指出了"知识产权"应当予以保护的八类客体，但知识产权客体与生俱来的无形性，导致了价值估量的非直接性和复杂性，以及交易的非便捷性，与传统的有形资产相比，知识产权客体的特殊性不言而喻。无形资产作为一种客观存在的事物，是人们通过智力劳动以及部分物质消耗生产出来的，其能够被人们利用到社会生产生活之中，提高生产效率，最大程度丰富社会物质，在资源约束状态下满足人们的物质消费需求，或在社会现行技术制约条件下满足人们的精神消费需求。不难分析出，知识产权不仅在形成过程中凝结了人类劳动，在使用过程中能被人类所利用，而且能创造经济价值和社会价值，是一种具有价值和使用价值的资源财产，具有价值属性。

按照马克思主义政治经济学原理：价值是凝结在产品中的无差别的一般人类劳动。同理可证，知识产权在产生过程中亦凝结了一般人类劳动，只是凝结的是一般的无差别的智力劳动，智力劳动属于一般劳动的特殊形式，且不同的知识产权所耗费的人类劳动存在差别。因为它不能运用简单的劳动数量进行度量，也就造成了知识产权价值度量的非直接性。从知识产权形成过程辨析其价值形成具有较强的现实意义。

首先，在知识产权的生产过程中，不同的知识产权所耗费的物质资料也不相同，虽然其在知识产权的生产过程中已经转移到知识产权之中，它们构成了价值的一部分，但因其物质材料的非同一性，其价值也无法统一度量。从知识产权的形成过程可知，绝大部分知识产权的形成过程都表现为物料的消耗，然后通过一定的技术手段或者实验过程最后转化为人的经验或智力成果。易言之，外观形态为有形财产的自然资源通过人的劳动或智力投入，转化为了无形财产，从而形成知识产权。因此，知识产权形成过程中消耗的物质资料的价值，当然地成了知识产权经济价值的重要组成部分。

25

其次，知识产权作为人类的智力成果和智慧结晶，并非仅有生产者一人能独立创造出来。因为知识产权的主要特性就是创新性和新颖性，创新性表现在以前人的创造为基础，并在人类已有知识系统和智慧成果上赋予新思想和新信息。"创造型人才是知识的生命载体，他们依靠前人积累的知识为劳动资料，以抽象的知识产品为劳动对象进行精神生产劳动。"① 前人已经形成的巨大的知识宝库原本就具有极大的经济价值，因为它来自前人或他人的智慧结晶和智力劳动。这个被利用的人类公共知识资源，只是因为它与知识产权同样的无形性，没有价值是人们的普遍共识，也导致了在此基础上产生的知识产权无价值的认同。

如前文所述，知识产权产生过程中将人类已经存在的公共知识加以利用和提炼。公共知识在本质上也是物化的自然资源的再利用，甚至存在可直接度量的经济价值。很显然，可度量经济价值的公共知识蕴含在了当今知识产权之中，并构成了它的基础价值，且不可忽略，它作为知识产权的重要构成部分，理当蕴含价值。所以，知识产权的价值就由被利用的公共知识价值、生产者的智力劳动价值和被消耗的物质资料的价值三部分构成，用公式可以表示为：知识产权的价值＝被利用的公共知识价值＋生产者的智力劳动价值＋被消耗的物质资料的价值。② 这三部分就构成了知识产权中可被度量的那部分价值，这与会计学中的有形资产的价值存在共同性质，也就证明了知识产权具有资产的价值属性。

2. 知识产权的资产价值度量路径解析

知识产权在生产过程中消耗了以实物形态存在的物质，如实验设备、实验器材以及低值易耗品，这些实物形态几乎都能以货币价值计量，能方便地计入无形资产价值。但是，被利用的公共知识价值以及生产者的智力劳动价值部分，一是因为没有公允价值，二是因为具有非物质存在形式，所以对于它们的价值估量，并未形成一定的标准和方法，因此无法按照既有的指标体系和方法进行直接的价值度量。此外，知识产权多以方法、代码、文字等信息的形式存在，其价值度量也无实体参照物，更无可资借鉴的无形资产评估模型，传统的"成本法""市场法"等价值估值方法已经无力准确、合理地体现知识产权的

---

① 吴汉东：《关于知识产权基本制度的经济学思考》，载于《法学》，2000 年第 4 期，第 33～41＋46 页。

② 龚大春：《论知识产权的资产属性》，载于《当代经济》，2015 年第 12 期，第 124～125 页。

价值。[①]

事实上，知识产权被用于生产和生活之中，与有形化的物质发生着千丝万缕的联系，因为知识产权的运用过程，就是向其物质转化的过程，也是能提高生产效率，降低有形资源的消耗的过程。从该意义上讲，知识产权的价值度量内涵性较低，其价值转化多在经济活动过程也即一个经济价值转化的过程中完成。由此可推知，知识产权的经济价值不仅存在，且可以认定。一种方法是将知识产权的生产成本按照 R&D 项目中的"历史成本法"进行价值计算，另一种则是以作为要素投入所产生的收益作为其价值认定的基础，以要素贡献率作为知识产权的价值衡量依据。

因此，知识产权虽然具有无形性，但它仍然具有静态的财产属性，与传统有形资产一样，存在着物质的耗费和人类劳动的凝结，具有价值和使用价值。与此同时，知识产权还具有动态的资产属性，其价值估量不仅关涉物质的转化和消耗，还关乎增量价值的估算与确认。不难看出，知识产权的资产属性是根本属性，因其流动和转换能产生更多的资产收益。财产属性则是派生属性，知识产权因流动而升值，并为社会创造更多的物质财富，因此其财产属性源于资产属性。资产属性是智力成果获得知识产权的根本原因和根据，财产属性是智力成果取得知识产权的结果。

（二）知识产权内容上的资产属性解析

从一定意义上讲，知识产权的基本内容与传统的物权具有相似之处，都是独占、使用（实施）或者通过一定的法定程序，许可或授权他人以独占、排他许可等方式使用知识产权的专有权利。如前文所述，知识产权的无形性和存在的内容上的单一性，仅被纯粹占有没有实际意义，也不会创造任何经济价值，因为它本身不具有任何实用性功能。

知识产权内容必须依附于实物而凸显价值和作用，其直接的资产属性决定了它应当被作为生产要素用于实际的生产生活之中，知识产权这种特性就对相关的法律制度提出了需求。为了激发创新能力和创造激情，首先应当从制度层面上保障知识产权所有者在一定期限内获得的独占性收益，这也是基于所有权而享有的收益权，以之激励知识产权的创造者的要求。其次，增加民众的创新能力应当加强对权利人利益的保护，目前主要采取的保护方式，就是给权利人

---

① 傅传锐：《基于智力资本的企业价值评估研究》，厦门大学博士学位论文，2009 年 4 月，第 4 页。

一定期限内获得垄断利益的权利。但是，由于知识产权的资产性，其资产价值必须在生产经营环节中才能体现，因此仅仅保护知识产权权利人在一定期限的垄断权利是不够的，其制度设计应当满足保护知识产权流动权益的需要。

如前文所析，知识产权实际上是使用和耗费了的具有客体属性的自然资源，且在内容方面具有经济价值的可计算性和可评估性，其资产属性具有逻辑上的应然性和完备性。关于知识产权利益保护法律制度设计也应当体现和彰显其资产属性，可交易性的制度安排也应当以价值尺度为核心要素。唯有如此，方能发挥激励和保护知识产权创新的制度预期和制度效力。

（三）会计学视域下的知识产权资产属性界定

1. 知识产权是能运用到生产中的无形资产

众所周知，创造性的知识和智力成果是有产权的，并能节约社会资源，提高效率。首先，知识产权可以运用到生产经营中，提高生产效率，节约人力、物力和时间成本，切实转化为现实生产力。按照会计准则中对于资产的定义：该项资产的成本能被可靠计量，被企业拥有，预计能为企业带来效益并很可能流入企业。反之，不满足上述条件则不能确认为资产。反观我国《企业会计准则第 6 号——无形资产》在对无形资产的定义中①，就明确指出知识产权可以且能够用于出售、转移、授予许可、租赁或者交换。换言之，知识产权的经济价值和经济利益能与所有者相分离，具有交换的属性。

2. 知识产权的价值确认与计量

毫无疑问，知识产权作为企业的资产，具有资产属性，应当无可争议地列入企业的资产负债表之中，其理所当然成为企业可以流转的一项资产。在企业的资产流转过程中，最关键的是知识产权价值量的确认，以及交易双方对该价值量的认可。现实中，有形资产具有能可靠计量的原材料等有形成本和所耗费的劳动成本，这些成本的账面价值便可形成其成本，且多数具有公允价值（fair value）②，非常有利于市场交易。而知识产权具有无形性，缺乏构成账面价值的计价成本，似乎其价值认定具有很强的主观性，公允的价值是制约其交

---

① 我国《企业会计准则第 6 号——无形资产》对无形资产有这样的定义：能够从企业中分离或者划分出来，并能单独或者与相关合同、资产或负债一起，用于出售、转移、授予许可、租赁或者交换。

② 公允价值（Fair Value）亦称公允市价、公允价格，指熟悉市场情况的买卖双方在公平交易的条件下和自愿的情况下所确定的价格，或无关联的双方在公平交易的条件下一项资产可以被买卖或者一项负债可以被清偿的成交价格。在公允价值计量下，资产和负债按照在公平交易中，熟悉市场情况的交易双方自愿进行资产交换或者债务清偿的金额计量。

易和转让的主要障碍。由会计准则的相关规定[1]可以看出：知识产权在开发阶段所发生的能被可靠计量的那部分支出，可以形成其价值的一部分，而为开发知识产权所发生的支出，则应于发生时计入当期损益。[2] 众所周知，知识产权在开发前的研究成本支出必不可少，且耗时长支出大，但在制度上却不形成知识产权价值，研发费用未能资本化，不能反映无形资产的真实价值。[3] 知识产权既然是一项无形资产，且具有资产的经济价值，对其价值的评估也至关重要。目前通用的知识产权价值的评估方案可以分为三个大类：第一类是遵循劳动价值论，从生产投入的角度对其价值进行评估，比如投入的直接人工、购买设备和办公用品的支出以及人员培训费、专家咨询费以及注册手续费等。第二类是建立在均衡价值理论的基础上，通过寻找类似知识产权的市价进行估值，即市场法。第三类是从知识产权的需求方出发，用通过营销策略著作权权利能够带来的收益评估著作权价值，即收益现值法。令人尴尬的是，现行的资产负债表只反映无形资产，并无知识产权这一栏，这导致了现实中对该项资产的计价和确认的集体忽略，而且会计三大报表都无法找到有关知识产权成本、增减、收益、投资等情况。因此，大多数企业，尤其是上市公司，为了企业经营和资产状况的强制性披露要求，通常会对知识产权进行表外披露，同时另编各类知识产权明细表，并采用公允价值进行适时调整，以之反映企业知识产权财务状况，便于企业进行知识产权战略管理。

---

[1] 依据《企业会计准则第 6 号——无形资产》第 9 条：企业内部研究开发项目开发阶段的支出，同时满足下列条件的，才能确认为无形资产：（一）完成该无形资产以使其能够使用或出售在技术上具有可行性；（二）具有完成该无形资产并使用或出售的意图；（三）无形资产产生经济利益的方式，包括能够证明运用该无形资产生产的产品存在市场或无形资产自身存在市场，无形资产将在内部使用的，应当证明其有用性；（四）有足够的技术、财务资源和其他资源支持，以完成该无形资产的开发，并有能力使用或出售该无形资产；（五）归属于该无形资产开发阶段的支出能够可靠地计量。

[2] 依据《企业会计准则第 6 号—无形资产》第七至十一条：第七条 企业内部研究开发项目的支出，应当区分研究阶段支出与开发阶段支出。研究是指为获取并理解新的科学或技术知识而进行的独创性的有计划调查。开发是指在进行商业性生产或使用前，将研究成果或其他知识应用于某项计划或设计，以生产出新的或具有实质性改进的材料、装置、产品等。第八条 企业内部研究开发项目研究阶段的支出，应当于发生时计入当期损益。第九条……第十条 企业取得的已作为无形资产确认的正在进行中的研究开发项目，在取得后发生的支出应当按照本准则第七条至第九条的规定处理。第十一条 企业自创商誉以及内部产生的品牌、报刊名等，不应确认为无形资产。

[3] 万润平：《新知识经济下企业自创无形资产会计处理研究》，载于《中外企业家》，2013 年第 2 期，第 124 页。

第三节　知识产权质押的可出质性辨析

一、知识产权质押的出质需求

　　知识产权作为一项资产，其资产属性使之天然具有价值和使用价值，并能为权利主体带来经济利益，同时也是未来业务增长潜力的体现。不容忽视的是，知识产权是一种智力成果和智慧结晶，不仅需要人才的聚集，更需要研发阶段的大量投入，方能形成具有资产属性的知识产权。即使像商标权这样的无形资产，表面上似乎没有权利主体的直接投入，但也是企业经过数十年的品牌积淀和苦心经营，才能使该商标权具有资产属性，具有经济价值和使用价值。因此，知识产权的形成也是权利主体大量的人力、物力投入的结果。

　　如前文所析，企业想要科技项目研发成功，拥有自主的知识产权，必须有大量的资金投入，企业也必须保持极高的现金流量。但这无疑增加了企业经营风险和经营负担，尤其是研发项目成功与否的高度不确定性，致使企业或个人更不愿投入到知识产权的形成之中，"拿来主义"才是他们理性动机的首选。为了规避经营和研发风险，大多数知识产权使用主体宁愿选择购买专利权、商标权等无形资产，也不会选择自行研发。此外，企业基于风险厌恶（risk aversion）的偏好，也倾向于持有较大数量现金，而非投入到结果极不确定的知识产权研发之中。因为企业的无形资产占企业总资产的比例较大，如果企业运营出现问题，企业运营发生困境引起流动性资产严重短缺，公司股价很快会暴跌，乃至无法偿还债务。[①] 还有，如前文所析，我国多数知识产权的权利主体集中在科研院所和高校的工作人员，他们投入研发的主要目的是基于学术追求和职称晋升需要，未来的经济收益并不在其考量范围之内。如果能有机会进行权利质押，以实现专利技术的社会价值和经济价值，并能获得一定数量的经济收益，知识产权持有人何乐而不为。因此，通过产权质押的方式进行知识产权成果转化，不仅在较大程度上解决了资源限制的问题，还能使较多企业可以没有前期风险地使用知识产权，提高核心竞争力。

---

　　① 占阿枚：《高科技企业资产流动性与资本结构的相关性探讨》，江西财经大学硕士学位论文，2015 年 6 月，第 1 页。

二、知识产权质押的出质法制环境

知识产权客体和内容虽然不具备有形性，但其因价值的可估量性和可计算性，也可以作为质押的标的。依据《中华人民共和国物权法》（以下简称《物权法》）第 223 条第 5 款之规定："债务人或者第三人有权处分的下列权利可以出质：可以转让的注册商标专用权、专利权、著作权等知识产权中的财产权。"与此同时，《中华人民共和国担保法》（以下简称《担保法》）第 79 条规定："以依法可以转让的商标专用权、专利权、著作权中的财产权出质的，出质人与质权人应当订立书面合同，并向管理部门办理出质登记。质押合同自登记之日起生效。"由于知识产权是一种无形财产权，不能以占有的方式公示权利，所以知识产权质权须以登记的方式公示权利。依现行法律的规定，知识产权质押合同自办理出质登记之日起生效，出质登记为质押合同的生效要件。不过，知识产权的出质登记的效力应当如同抵押登记的效力一样，不应为质押合同的生效要件，而应为质权成立要件或对抗效力的要件，即不经登记，质权不成立或者不能对抗第三人。此外，依据《担保法》和《物权法》的相关规定，我国还制定了《关于适用中华人民共和国担保法的若干问题解释》《专利质押合同登记管理暂行办法》《商标专用权质押登记程序》和《著作权质押合同登记办法》等相关的配套法规，建立了较为完备的知识产权质押法律体系，使得知识产权质押行为有法可依。

除此之外，专利、商标和著作权等相关知识产权也有专项的立法保护，如《中华人民共和国专利法》（以下简称《专利法》）明确表示其立法目的是为了保护专利权人的合法权益，鼓励发明创造，推动发明创造的应用，提高创新能力，促进科学技术进步和经济社会发展。《中华人民共和国商标法》（以下简称《商标法》）的第 1 条开宗明义地说明："为了加强商标管理，保护商标专用权，促使生产者保证商品质量和维护商标信誉，以保障消费者的利益，促进社会主义商品经济的发展。"《中华人民共和国著作权法》（以下简称《著作权法》）也言称："为保护文学、艺术和科学作品作者的著作权，以及与著作权有关的权益，鼓励有益于社会主义精神文明、物质文明建设的作品的创作和传播，促进社会主义文化和科学事业的发展与繁荣，根据宪法制定本法。"

再者，从国家的战略方针看，国家对中小企业发展和知识产权的创造、保护和运用高度重视。为贯彻落实《国家知识产权战略纲要》〔国发（2008）18号〕和《国务院关于进一步促进中小企业发展的若干意见》〔国发（2009）36

号〕，财政部、工业和信息化部、银监会、国家知识产权局等部门2010年8月联合发布《关于加强知识产权质押融资与评估管理支持中小企业发展的通知》。通知指出："各有关部门要指导和支持银行等金融机构探索和创新知识产权信贷方式，积极拓展知识产权质押融资业务，鼓励和支持商业银行结合自身特点和业务需要，选择符合国家产业的政策和信贷政策、可以用货币估价并依法流转的知识产权作为质押物，有效满足中小企业的融资需求。"

在知识产权服务体系和中介体系的建设上，目前尚存在服务机构数量较少、质量参差不齐，专业的知识产权质押融资方面的人才较匮乏等问题。但从整体上看，知识产权质押开展融资的条件已经成熟，法律制度建设也基本到位。积极推进知识产权质押融资工作，对于拓展科技型企业融资渠道，推动产业结构优化升级，加快经济发展方式转变，实现创新型国家的宏伟蓝图具有重要的助推作用。

三、知识产权质押出质的垄断性剖析

知识产权具有专有性、独占性或垄断性，甚至还具有地域性和时间性。与此同时，知识产权法律制度为智力成果完成人的权益提供了法律保障，能够调动人们从事科学技术研究和文学艺术作品创作的积极性和创造性。为智力成果的推广应用和传播提供了法律机制，为智力成果转化为生产力，运用到生产建设上去，使之产生应有的经济效益和社会效益，提供了法律意义上的最为严格的保护。即除权利人同意或法律规定外，权利人以外的任何人不得享有或使用该项权利。这表明权利人独占或垄断的专有权利受严格保护，不受他人侵犯。只有通过"强制许可"，"征用"等法律程序，才能变更权利人的专有权。知识产权的客体是人的智力成果，既不是人身或人格，也不是外界的有体物或无体物，所以其既不属于人格权，也不属于财产权。另一方面，知识产权是一个完整的权利。即使知识产权的权利内容的利益兼具经济性与非经济性，也不能把它说成是两类权利的结合。例如说著作权是著作人身权（著作人格权或精神权利等）与著作财产权的结合，是不对的。知识产权是一种内容较为复杂（多种权能），具有经济的和非经济的两方面性质的权利。因而，知识产权应该与人格权、财产权并立而自成一类。

知识产权保护制度致力于保护权利人在科技和文化领域的智力成果。只有对权利人的智力成果及其合法权利给予及时全面的保护，才能调动人们的创造主动性，促进社会资源的优化配置。

一方面，法律制度对知识产权的严苛保护，赋予知识产权权利人的一定时空范围内的垄断地位，不但充分调动了人们的创造性，也对知识产权的权利人给予了充分的财产保护。另一方面，知识产权垄断指知识产权人凭借其知识产权的优势地位限制竞争、损害社会利益的行为。并且，它的无形性和合法性使传统反垄断法无法对其进行规范。从本质上讲，知识产权所有人通过对使用权或收益权的阶段性权力垄断，使其在竞争中获得垄断优势，从而获得垄断利润。首先，知识产权人基于专利等相关法律的保护，他们所占有的智力成果和技术秘密并未向社会公众公开，技术上的独自领先保证了效率上的优势地位，在市场竞争中的领先和独占为市场份额的扩大和边际成本（marginal cost）[①]的降低带来了先天优势，因为其规模经济效应更容易实现，还具有技术上的独占性保障。其次，知识产权的垄断并不属于《中华人民共和国反垄断法》（以下简称《反垄断法》）规制的对象，具有天然的合法性。知识产权是法定的权利，其权利的行使受到法律的强有力保护。知识产权法的立法目的就是深化知识产权领域改革、加快实现知识产权治理体系和治理能力现代化，[②] 通过立法对知识产权人进行垄断性保护。一般而言，法律运用限制与保护两条路径对知识产权的垄断地位进行法定保护：一方面，如果出现知识产权的不正当竞争侵权行为，则侵权人会受到相关法律制度的限制甚至处罚，以达到保护知识产权人的垄断性竞争地位的目的；另一方面，知识产权权利人有权排除非权利人的不正当竞争行为，并受到《反垄断法》的保护。不难看出，知识产权这种独特的垄断行为区别于一般经济学意义上的垄断行为，也有不同的构成要件，其不是在竞争过程中由于规模经济（scale economy）效应逐渐形成的垄断市场地位，而是一种事先的法律确认，是保护和激励知识产权的立法宗旨的体现和反映。进一步分析，经济学意义上的垄断是由竞争形成，其边际成本递减是其垄断主要内在原因，如果产生的危及相关产业的发展或者出现了社会福利的减损，要么通过法律惩罚的方式消除垄断，要么通过引入更多的竞争者打破垄断的市场结构。而知识产权垄断的形成却是法律直接赋予，而非产生于竞争，并且在法定期间不得被打破。

---

① 边际成本（Marginal cost）是一个经济学概念，是指在任何产量水平上，增加一个单位产量所需要增加的工人工资、原材料和燃料等变动成本。理论上来讲，边际成本表示当产量增加1个单位时，总成本增加多少。一般而言，随着产量的增加，总成本递减地增加，从而边际成本下降，也就是说的是规模效应。

② 张鹏、赵炜楠：《〈知识产权基本法〉立法目的与基本原则研究》，载于《知识产权》，2018年第12期，第45～52页。

"没有合法的垄断，就不会有足够的信息产生；有了合法的垄断，又不会有太多的信息被使用。"[①] 知识产权作为以智力成果为客体的法定垄断权，以极为固定的制度保护预期进入了市场，并在相关市场（relevant market）[②] 领域筑起了进入壁垒，相关竞争者与之处于信息极为不对称状态，使替代产品的产生极为困难。初始权利人可能是以提高竞争力为目的而创造了知识产权这一智力成果，但其具有"天然"的合法垄断权力，能为权利人带来合法的垄断利润（monopoly profit）。居于垄断地位的知识产权权利人拥有该领域的垄断定价权，并且能合法地获得高于社会平均利润的超额利润。高额垄断利润的诱惑难以阻隔新一轮竞争，拥有垄断权力的竞争便应运而生，这种垄断权利拥有的竞争不能与先存的知识产权相冲突。那么，该权利作为一种私法上的权利，可以通过市场机制中的价值规律进行交易，且应当遵循诚实信用、公平等价的基本原则，知识产权权利人通过出让或者许可进行权属交易，以完全市场竞争中"价高者得"的原则交易，获取更大的经济价值。知识产权属于一种专有权，具有垄断、独占的性质。其主要含义是指：当某一法律主体依据一定的智力成果获得知识产权权利之后，其他法律主体在同一法律的效率范围内不可能就相同甚至相似的智力成果获得相同的权利。[③] 这种合法性垄断极易让权利人滥用优势地位，产生掠夺性定价、联合行为等滥用知识产权损害社会及第三方利益的行为。[④] 从本质上讲，知识产权质押是运用市场定价机制，将知识产权的权利通过市场公平交易转移给非权利人的一种制度，是权利的一种等价有偿让渡，是民法物权中的权利质押，其客体或标的，是出质人依法享有处分权的知识产权中的财产权，其在交易过程中并未改变权利属性，也不会对原始权利人造成利益减损，权利继受人还会因购买此项权利付出代价，而给予其最大限度的利用和挖掘，以实现知识产权的效用最大化。这样能在较大程度上活跃知识产权交易，发挥知识产权价值和效用，并能有效打破垄断，同时也克服了法

---

① 王先林：《从微软垄断案看知识产权 滥用的反垄断控制》，载于《法学家》，2001 年第 3 期，第 93～99 页。

② 自由竞争会导致社会资源利用率的不断提高，并能促进市场经济的健康发展。在反不正当领域中，禁止或者限制垄断、不正当竞争以及限制竞争的行为可使竞争能够自由有序地进行。相关市场是指经营者在一定时期内就特定商品或者服务进行竞争的商品范围和地域范围。界定相关市场是反垄断执法中一个非常重要的环节，判定一个经营者是否居于垄断地位或者市场支配地位，是否排除、限制了市场竞争，都必须以界定相关市场为前提。其界定原则主要包括有利竞争原则、效率兼顾原则和保护消费者原则。

③ 李君：《知识产权的垄断问题研究》，载于《沿海企业与科技》，2003 年第 4 期，第 50～51 页。

④ 吕明瑜：《知识产权垄断呼唤反垄断法制度创新——知识经济视角下的分析》，载于《中国法学》，2009 年第 4 期，第 16～33 页。

律制度的限定性缺陷。知识产权质押具有独特的法律价值，主要包括知识产权的秩序价值与知识产权的正义价值，其具体作用表现为：保障交易安全与促进法律效力，维护法律公平和保护交易自由。[①]

第四节　知识产权质押融资的理论机理

知识产权质押作为一种相对新型的融资方式，区别于传统的以不动产作为抵押物向金融机构申请贷款的方式，指企业或个人以合法拥有的专利权、商标权、著作权中的财产权经评估后作为质押物，向银行等金融机构申请融资。融资是解决企业资金困难的一个重要途径，也是促进企业自主创新的一种有效手段。知识产权质押融资对实施创新驱动发展战略具有不可替代的意义和作用，也是建设创新型国家不可或缺的重要措施。一是帮助企业盘活知识产权中的无形资产，拓展融资渠道，增强创新发展能力。知识产权质押贷款是缓解企业融资困难的有效途径，可以帮助企业把存量的无形资产转化为有形的流动资产，实现知识产权的资本化，尤其对具有自主知识产权而缺乏固定资产质押的创新型中小微企业的融资具有重要意义。企业获得知识产权质押贷款支持后，能够迅速将技术转化为生产力，促进技术优势向市场优势转化，实现创新发展。二是推动企业提升无形资产价值意识，实施专利技术战略，提升企业核心竞争力和可持续发展能力。很多企业忽视了知识产权在发展中的作用，知识产权质押融资彰显了企业技术的经济价值，通过知识产权质押融资，不仅可以推动企业增强经营并保护知识产权的意识，更重要的是提高其加大创新投入，持续推进企业的稳定发展、投入研发使其不断增值的动力，推动企业走向"重技术"和"重保护"的发展之路。三是有利于促进金融业发展，改善融资环境，增强市场发展活力。知识产权质押融资其质权的设立、效力以及质权的实现都区别于传统的权利质押，为商业银行带来了新的挑战，有利于推动其完善金融服务体系，发展金融创新业务，为我国企业尤其是创新型企业创新发展提供更好的融资环境，增强市场发展活力。作为企业由"知产"转变为"资产"的有效途径，知识产权质押具有其内在的理论逻辑机理。

[①]　丘志乔：《知识产权质押制度之重塑：基于法律价值的视角》，知识产权出版社 2015 年版，第 47 页。

一、知识产权质押融资的新经济增长理论

随着技术的不断进步，我国已经进入了以无形资产投入为主的新经济时代，该时代具有经济发展可持续化、资产投入无形化、高新技术产业化、世界经济一体化和经济决策知识化的典型特征。智力、信息和技术投入成为现代经济的特点和发展趋势，技术进步和知识产权成为经济发展过程中最为核心的要素，知识产权等无形资产俨然成为生产要素的主角。新经济时代需要新经济理论来认识影响经济发展的因素，预测经济发展趋势，指导经济行为。新经济增长理论的重要进步就是把新古典增长模型中的"劳动力"要素扩大为人力资本投资①，即人力不仅包括绝对的劳动力数量和该国所处的平均技术水平，而且还包括劳动力的教育水平、生产技能训练和相互协作能力的培养等，这些统称为"人力资本"。通过阿罗提出的边干边学模型（Learning by doing）以及罗默提出的收益递增增长模型（increasing marginal revenue）②，他们作为新经济理论的代表人物，都强调知识积累和技术进步对经济增长的决定性作用，以及对社会投资行为产生的正向刺激作用，因为知识和技术的运用能在较大程度上提高资本的投资回报率，技术进步与资本积累存在着相互促进的良性循环，这无疑鼓励和促进了知识产权在经济中的运用。反观当今知识经济社会，技术进步内生就是把技术进步作为经济增长的内生要素，并为经济增长注入不竭的动力和源泉。技术进步是经济增长的当然核心要素，知识的外溢作用不仅可以减轻经济增长对自然资源的依赖，还可以减少对环境的破坏，降低社会成本和环境负荷，不难看出，新经济社会的生产函数增加了无形资产和技术水平这两

---

① 自 20 世纪 80 年代中期以来，随着罗默（Paul Romer）和卢卡斯（Robert Lucas）为代表的"新增长理论"的出现，经济增长理论在经过 20 余年的沉寂之后再次焕发生机。美国经济学家保罗·罗默 1990 年提出了技术进步内生增长模型，使新经济理论走向了成熟。因此，新增长理论模型中的生产函数是一个产出量和资本、劳动、人力资本以及技术进步相关的函数形式，即：Y=F（K，L，H，t)，其中，Y 是总产出，K、L 和 H 分别是物质资本存量、劳动力投入量和人力资本（无形资本）存量，t 表示技术水平。

② 在阿罗的模型中，只是将技术进步的一部分内生化了。在这一模型中，产出不仅仅是有形要素的投入，而且也是学习和经验积累的结果。体现为：资本的贡献要大于传统的贡献，因为增加的资本不仅通过其对生产的直接贡献来提高产量，而且通过其间接推动新思想的发展来提高产量。但在这一模型中技术仍然是外生的，它随着内生的资本存量的变化而变化。罗默等人提出的新经济增长理论充分重视了知识的作用，将技术进步完全的内生化。他们认为，增长的原动力是知识积累，资本的积累不是增长的关键，技术拥有量或者使用量才是经济增长的不竭动力和源泉。另外也有学者将资本这一概念的外延扩大，认为资本不仅包含物质资本，而且也包含人力资本，因而资本仍然是增长问题的关键。

个要素，并且发挥着极其重要的作用。

新增长理论论证了知识产权运用的重要性和其在发展经济中不可替代的作用，重新强调了宏观政策在资源配置中的地位。因此，充分发挥知识产权的创造力，应当加强知识产权质押融资的权利与秩序保障，在制度安排方面助力实现知识产权的资产价值，最大程度提升知识产权的边际收益。新经济削弱了传统的土地、资本和劳动力等生产要素的边际贡献（marginal contribution），大大提升了知识和技术的边际贡献。新经济是一种由技术到经济的范式演进、虚拟经济到实体经济的生成连接、资本与技术深度黏合、科技创新与制度创新相互作用的经济形态，具有聚合共享、跨界融合、快速迭代、高速增长四个特征。世界经济的发展表明，全球经济正从传统的制造业向技术、服务、知识相结合的新形态加速演变。知识产权制度由于其分享知识和激励创新的功能，为新经济的发展提供了可靠的支撑。多位知识产权领域的专家预判：新经济领域将成为未来知识产权之争的"主战场"。应加快健全、完善知识产权管理体制机制，加强知识产权的创造、运用、保护、管理和服务，促进知识产权和经济社会发展的深度融合，探索出一条知识产权支撑城市创新发展的全新路径。知识产权所布之"棋局"，进，可制约竞争对手；退，可保护企业核心技术。而从长远眼光来看，这一"棋局"亦是整个产业崛起的关键。除了为新经济发展提供必要的保障条件，知识产权本身也是一类"高附加值的新业态"，属于新经济范畴。需求决定市场，知识产权具有形成市场力和市场价值的潜力。发展新经济、培育新动能，需要靠创新来驱动，而创新离不开知识产权的保驾护航。须深入实施创新驱动发展战略和知识产权战略，实现知识产权与新经济的融合发展。

由此可以看出，知识产权不能仅仅追求总量的上升，更需要实质性的转化，其转化形式的多样化和交易的便捷化才是创新发展的重要突破口。

二、知识产权质押的法律价值理论基础

法的价值是指法律满足人类生存和需要的基本性能，即法律对人的有用性，"一切能满足人和社会需要的东西"[①] 均具有有用性。法的价值是以法与人的关系作为基础的，是法对人所具有的意义。法的价值的主体是人，法的价值的客体是法。法的价值是法对人的意义，其含义包括两个方面：一是法对于

---

① 卓泽渊：《论法的价值（第二版）》，法律出版社 2006 年版，第 9 页。

人的需要的满足。人的需要是多元、多层次的，法的价值也是多元、多层次的，并且以人的多元、多层次的需要为依据。二是法应当被民众信仰。法的价值不仅表现为对道德底线的设定，还映射出人们在现实状态下对理想的社会秩序和正义的期盼，即法律价值又被抽象为正义[①]。法律制度蕴含和体现法律价值，这是制度设计的应然要求，也是民众的现实诉求与实然价值的期盼。

（一）法律价值的内涵分析

1. 法律的一般价值内涵界定

从一般意义上讲，价值是客体对主体的生存和发展的效用，即物对人和社会的有用性[②]。换言之，价值应当反映人的需要和动机，且能在需要和满足之间形成对应关系。物这一价值客体应当具有有用性，且满足主体某些特定需求。法律价值，要以一般"价值"的含义的确定为前提。[③] 一方面，法律作为调整社会关系的上层建筑，其实质性应当能够保护社会群体价值，增加社会总福利。首先是保护公民基本的人身和安全基本价值，再扩展至保障整个社会的民众自由权、发展权以及增进社会公共福利、维护社会公序良俗乃至人类生存环境的保护等。从更高层次分析，法律还应当以追求公平、正义为目标，以均衡公平与效率为价值追求。另一方面，法律还应当具有"形式价值"。法律作为一种以文字为表达方式的行为规范，其形式上应当具备"良法"之品质。一是法律规定的普遍性，即对主体规定和行为规定的普遍性，法律规范的适用具有普遍性而非特殊性。二是权利、义务和责任的确定性，文字表述的明确性，含义明确，无歧义产生。三是法律的统一性。主要表现为法律条文之间逻辑上的统一性，部门法之间没有冲突和矛盾，上位法和下位法不违背，不冲突。四是法律规范的稳定性和先在性。法律制度的宣传、贯彻和理解需要一定的时日，自觉守法的意识建立则需要更长的时间。如果法律制度变动不居，立法目的不仅很难实现，而且民众行为预期的稳定性也会大打折扣，这会减损法律制度的效率，更遑论法律的权威与遵从。五是法律的公开性和可行性。法律不仅需要广而告之，以多途径向民众公开，还需要在制定时依据现实情况，符合现实国情、风俗习惯以及历史背景，提升法律制度的可行性和遵从度，以之实现

---

① ［日］川岛武宜：《现代化与法》，申政武，王志安，等译，中国政法大学出版社 1944 年版，第 246 页。

② 丘志乔：《知识产权质押制度之重塑：基于法律价值的视角》，知识产权出版社 2015 年版，第 32 页。

③ 张恒山：《"法的价值"概念辨析》，载于《中外法学》，1999 年第 5 期，第 16～31 页。

"良法善治"。

2. 法律的个体价值和群体价值体系

虽然法律的应然性与实然性从不同角度阐释了法的价值，并且有所分歧和纷争。[①] 但不可否认的是，法律规范应当是理性的法律价值的应然表现，应当体现和彰显法的根本价值目标。法律规范是一种客观存在，法的价值蕴含于法律规范之中，法的制定需要以客观规律为基础，自然地，法律对人的行为的指引不能违背自然规律、社会规律和历史规律，法律这种行为准则亦是民众共同意志的体现，其以实质正义为法益目标。从法的普遍性价值可知，法的价值体系是由社会价值和个体价值构成，且应该达到价值目标的均衡。首先，法律的个体价值应当反映社会个体的法制需求，并能满足和实现法制对社会个体的需求和目标追求，达到法制的预期效用，比如法律能保护个体的自由、平等、权利、人格尊严等。其次，法律的群体价值反映了社会群体对法律的需求和价值目标。社会个体价值多元，且不具有统一性，法律的群体价值并非个体价值的"算数和"，而是将群体的普适性价值提炼，集中反映某一群体的主流价值取向，并且以社会总法益的增加为主要法益目标，同时力求个体法律价值与社会群体法律价值的均衡。循此逻辑，知识产权质押的法律制度设计，也应当遵循价值的统一性，将知识产权所有者、使用主体、质押主体等多方价值追求进行提炼，形成"均衡"的法益目标，进而进行相关的制度设计。

3. 法律的价值效用体系

法律具有维护社会秩序，实现公平正义和保护合法权益的功能，具有满足主体的生存和发展的效用（utility）[②]。既然如此，也可以运用效用对法律价值进行度量。从法律价值的绝对值分析，如果法律的价值能满足社会个体和群体成员的制度预期和制度需求，其价值效用一定为正，且满足程度越高，价值效用就越大。如果现行的法律无力满足社会的法制需求，对社会关系和社会秩序

[①] 法律的应然性和实然性的争端由来已久，早在公元前5世纪至公元前4世纪的古希腊，智者们就曾经进行过关于自然法和行为法的思想争论，这一争辩到现在已经演变为应然法和实然法的观念冲突。但是，其争论焦点主要是历史观和世界观的不同，随着社会法学和制度法学的产生，二者的分歧逐渐趋于融合，尤其是法经济学，完全跳出了应然法与实然法争论的圈子。

[②] 效用（utility）是经济学中最常用的概念之一，一般而言，效用是指对于消费者通过消费或者享受闲暇等使自己的需求、欲望等得到的满足的一个度量。效用的概念是丹尼尔·伯努利在解释圣彼得堡悖论（丹尼尔的表兄尼古拉·伯努利故意设计出来的一个悖论）时提出的，目的是挑战以金额期望值作为决策的标准的理论。效用理论主要是针对决策者应当如何对待风险的理论，也成为"优先理论"。效用理论按对效用的衡量方法分为基数效用论和序数效用论，前者是从效用的绝对值大小对效用进行评价，后者要求决策者通过风险的偏好程度对效用进行排序，然后做出利益最大化的决策。

的调整不产生积极作用，既无有用性，也无有益性，也没有副作用，那么这时候的法律价值就为零。不难推出，如果法律对主体法律价值需要的实现起着阻碍和破坏作用，则法律价值效用为负。

（二）知识产权质押的法律价值逻辑

知识产权质押并非单纯的市场问题，更需要相应的法律制度体系予以保驾护航和助力推进。众所周知，一个国家的立法活动与程序都非常严格，甚至有专门的针对立法活动的规范，并且立法应当体现普适性的法律价值，即实现公平、正义、权力制衡等法的价值。知识产权质押法律制度应当厘清所涉及的法律主体之间的关系，并力求做到均衡保护，以此作为立法的逻辑起点，并以增进社会总福利为立法目标。与此同时，应兼顾知识产权经济与法律的双重属性，以此为制度逻辑主线，注重知识产权质押运行过程中法律制度效用的最大化。

1. 主体法益均衡，增进社会总福利

知识产权质押是以合法有效的知识产权作为出质对象，以之设定担保，其中涉及知识产权所有权人、出质人、质押权人、担保人等多个主体，各主体之间不断地进行着利益博弈，均有自己的效用追求，各自的决策方案极大可能存在利益冲突，而利益均衡才是知识产权制度设计的目标和追求。事实上，知识产权质押就是利用市场机制中的价值规律，通过最佳的资源配置方式，以期实现这些智力成果的效用最大化的制度。知识产权质押通过对知识产权的价值评估和权利人的出质，向银行等金融机构进行融资，其直接目的是实现知识产权的经济价值。知识产权作为一种可交易的权利，就是市场经济中的一种商品，[①] 知识产权就自然存在供给方与需求方。从经济学基础理论可知，完善的市场机制使市场交易主体的供给与需求相等，并能在均衡价格（equilibrium price）[②] 成交，市场均衡虽然属于市场经济的一种理想状态，但是只有当知识产权质押市场无限接近于均衡，知识产权的价值规律才能有效地发挥作用，使利益主体在既定条件下实现利益最大化，亦才能实增进社会总福利，实现资源

---

① 徐莉：《知识产权市场化路径分析——以知识产权质押融资的风险分解为视角》，载于《福建论坛. 人文社会科学版》，2013年第7期，第44～48页。

② 均衡价格（equilibrium price）是商品的供给曲线与需求曲线相交时的价格。也就是商品的市场供给量与市场需求量相等，商品的供给价格与需求价格相等时的价格。在市场上，由于供给和需求力量的相互作用，市场价格趋向于均衡价格。如果市场价格高于均衡价格，则市场上出现超额供给，超额供给使市场价格趋于下降；反之，如果市场价格低于均衡价格，则市场上出现超额需求，超额需求使市场价格趋于上升直至均衡价格。

的最优配置。因此，知识产权质押的法律制度设计应当以促成"市场均衡"为立法的逻辑起点和最终归属，而不能有所偏废。

2. 信息不对称难点的法制逻辑径路

知识产权质押中的知识产权所有人，因其是知识产权这一智力成果的生产者，对知识产权的功能、先进性和创新性了如指掌，属于信息优势方。知识产权所有人和交易相对人的信息不对称不仅表现为知识产权信息内容的不对称，也表现为时间点上的先前信息不对称。知识产权质押制度设置的目的就是鼓励交易、节约交易费用和降低交易风险，以及体现交易的实质公平和实质正义。基于知识产权的无形性和非公开性，知识产权在质押过程中除了应当满足一般权利质押的基本要求和既定程序之外，还应当充分考量质押标的物的会计价值、需求变化趋势以及技术进步等诸多问题。为之设计相应的制度安排。进一步分析，当进行知识产权质押时，质押权人则对该知识产权的市场需求、经济价值等事项了解更多，对知识产权的价值确定和衡量处于信息优势方。知识产权人因为疏于市场调研，甚至无法正确评估其市场价值和经济价值。知识产权质押作为一种权利质押，最关键的还是其经济价值的评估、认定和度量。信息不对称，加上知识产权的无形性、收益的不确定性和市场的波动性，势必阻碍知识产权质押的顺利运行和实现。应遵从知识产权质押的信息不对称的内生性逻辑，在事前、事中和事后予以倾斜性信息披露激励制度设计，以解决道德风险和逆向选择问题。

3. 利益相关者理论的逻辑悖论[①]

知识产权质押是一种权利质押，是出质人与质权人基于共同的意思表示，创设的一种新的物权，目的是保证担保双方利益的实现。由于知识产权的无形性和弱辨认性，第三方对其价值的公允评估显得极为重要，知识产权使用者对其最大限度的利用所产生的经济收益或提升的核心竞争力也不容忽视。所以，知识产权质押所涉及利益主体的不仅仅是出质人和质权人，还关涉价值评估的会计师事务所、知识产权变现的交易所、甚至有参与担保兜底的机关，其利益主体间的关系纠缠复杂。理性经济人的理性选择均以自身利益最大化为行为选

---

① 李嘉晖：《多主体利益均衡视角下房地产市场长效机制构建研究》，郑州大学硕士论文，2018年5月，第8～9页。

择的逻辑起点，故运用"利益相关者理论"① 予以立法考量尤为必要。同理可证，知识产权质押过程离不开利益相关者的投入和参与，法律制度作为公平正义和整体秩序的调控者与维护者，应当注重知识产权质押整体利益的最大化，同样需要关照相关者的利益均衡。

回看知识产权质押的法律制度构建，不仅要体现公正、秩序的法律价值，更要保证法律制度体系之间的相互契合与关联，借以提升法律制度的正价值和正效用，实现知识产权质押法律制度在"良法"与"善治"层面的统一。"徒法不足以自行"，法的制定的最终落脚点在于法的实施。知识产权制度的可操作性、民众的遵从度都影响着法的实施效果，因此，知识产权法律制度只有蕴含公平、正义、秩序以及优化资源配置的法律价值，方能成为知识产权质押的良法。并且，知识产权的执法者也应当维护法的价值，组建一支作风过硬、业务能力强、有良好的职业道德的执法队伍。

（三）知识产权质押法律制度的效用保障

法的制定和实施在客观上追求应然的法律效用，如果出现对法的价值偏离甚至背离，其立法价值便没有得到应有的体现和彰显。依据前文所析，知识产权法律制度应当蕴含秩序价值和正义价值，主要表现为保护交易安全和资源配置效率。从本质上讲，知识产权质押就是将知识产权的权属由一方主体转移至或者让渡给另一方主体。如果双方遵从法律规定，秉承诚信、善意的交易规则，以平等公平和等价有偿的原则进行交易，则可实现双方期待的交换利益，这也是知识产权法律制度价值的外在表现。否则，如果一方交易主体未能履行法律所要求的诚实信用原则，违背等价有偿原则，知识产权质押的交易就可能被阻却，当一方当事人的既得利益遭受损害，知识产权质押法律制度的效用必然会招致减损，法的应然价值就会出现失落和畸变，无力保障公正的交易秩序和公平的竞争环境。知识产权法律制度的设计应当体现良法的基本精神和价值追求，其不应当使知识产权法成为产生负效率的恶法。概言之，法的价值是法进步的内在依据与精神动力。研究表明：知识产权保护水平的提高可以有效降

---

① "利益相关者"这一词最早被提出可以追溯到 1984 年，弗里曼出版了《战略管理：利益相关者管理的分析方法》一书，明确提出了利益相关者管理理论。利益相关者管理理论是指企业的经营管理者为综合平衡各个利益相关者的利益要求而进行管理活动。与传统的股东至上主义相比较，该理论认为任何一个公司的发展都离不开各利益相关者的投入或参与，企业追求的是利益相关者的整体利益，而不仅仅是某些主体的利益。

低其交易双方的信息不对称程度，改善企业的资本结构。[①] 知识经济时代对法律制度的变革提出了新的要求，一方面需要推进知识产权向"资产"转化，促进资源的优化配置。另一方面，法律制度的构建应当满足保护交易秩序以及公平性的价值追求。

（四）降低知识产权质押的交易费用——新制度经济学理论

产权不仅是一种权利，更蕴含着千丝万缕的社会关系和利益纠葛，面对利益纷争需要制定一种社会规则，用以调和利益主体之间的矛盾。产权经济学大师阿尔钦认为："产权是一个社会所强制实施的选择一种经济物品的使用的权利。"[②] 产权的本质就是基于一定社会关系的交换和选择。社会组织中，人们的相互交往和产品交换，也是以产权为基础条件和前提的，且彼此认可和尊重产权。从产权属性分析，它具体表现为一个"产权束"，包括占有权、使用权、收益权、处分权等具体权利。当产权发生交易时，其具体的"产权束"的交换，决定和影响着该"产权束"的具体内容和交换价值。产权交易是产权流动性的外在表现，流动性的好坏直接影响着资源配置的效率。

产权和产权类型存在复杂性与多样性，在找寻合适的交易对象、谈判磋商、交易监督以及"后合同义务"的履行等的过程中必然产生信息搜集成本、谈判成本和签约成本，这就产生了交易费用（transaction cost）[③]。新制度经济学认为交易费用带有"协调机制"和"契约"的属性[④]，对知识产权进行交易，"有限理性""机会主义"、市场的不确定性和信息不对称等问题，导致交易费用高昂，这就使得知识产权加速了制度创新和制度变迁的步伐，知识产权制度变迁尤为重要。知识产权的制度设计旨在通过一系列制度（包括产权制

[①] 李莉，闫斌，顾春霞：《知识产权保护、信息不对称与高科技企业资本结构》，载于《管理世界》，2014 年第 11 期，第 1～9 页。

[②] 吴继忠：《核心竞争力的产权经济学分析》，载于《东北财经大学学报》，2003 年第 6 期，第3～6页。

[③] 交易费用思想是科斯在 1937 年的论文《企业的性质》一文中提出的，科斯认为，交易费用应包括度量、界定和保障产权的费用，发现交易对象和交易价格的费用，讨价还价、订立合同的费用，督促契约条款严格履行的费用等。交易费用的提出，对于新制度经济学具有重要意义。由于经济学是研究稀缺资源配置的，交易费用理论表明交易活动是稀缺的，市场的不确定性导致交易也是冒风险的，因而交易也有代价，从而也就有如何配置资源的问题。资源配置问题就是经济效率问题。所以，一定的制度必须提高经济效率，否则旧的制度将会被新的制度所取代。这样，制度分析才被认为真正纳入了经济学分析之中。产权理论、国家理论和意识形态理论构成了制度变迁理论的三块基石。

[④] 姜景军：《企业本质及其异质性特征：演化经济学的解释》，中南财经政法大学博士学位论文，2018 年 5 月，第 1 页。

度、交易制度和金融激励制度等）构建，使知识产权交易更为便捷、公平和有序，资源配置更为优化。从新制度经济学理论可知，好的制度变迁实际上是节约交易费用的一种新的制度安排，可以理解为一种收益更高的制度对另一种收益较低的制度的替代。制度的兴革在国家经济增长和社会发展中起着决定性的作用①，其主要原因是制度变迁能相对节约交易费用，提高资源配置效率。因此，厘清制度变迁的原因或问题的关键所在、制度变迁的内在诱因以及制度变迁的目的、制度变迁的重点与路径依赖等问题，成为知识产权制度设立和健全的核心问题和主线。

自然资源的稀缺性决定了制度的降低交易费用的使命，以制度降低因市场不确定性而导致的交易风险也是制度变迁的内在要求，与此同时，解决资源配置的效率问题，融入法律的公平、正义和秩序等价值，也是制度变迁的不变追求。知识产权质押的法律制度建设应当运用新制度经济学理论，以活跃知识产权市场，加快智力成果转化，节约交易费用为立法宗旨，达到制度设计的目的。

---

① 汪仕凯：《全面深化改革、市场经济与国家治理的逻辑》，载于《南京社会科学》，2018 年第 10 期，第 80~88 页。

第三章　知识产权质押的现实困境

第一节　知识产权质押的历史溯源

从 1883 年的《保护工业产权巴黎公约》，到 1893 年依据《保护文学艺术作品伯尔尼公约》成立的国际局，再到 1967 年在斯德哥尔摩成立的世界知识产权组织，知识产权一直受到法律的保护，这也是尊重和崇尚人类智力成果的体现。随着技术的不断发展和人工智能的技术进步，知识产权保护范围也逐渐扩大，其保护方式也在不断改进。知识产权质押作为最大限度地实现知识产权价值的一种形式，是知识产权权利人以权利让渡的方式，将合法拥有的专利权、注册商标专用权、著作权等知识产权中的财产权为质押标的物出质，经评估作价后向银行等融资机构获取资金，并按期偿还资金本息的一种融资行为。[①]

一、知识产权质押融资的历史探究

从世界范围看，关于最早进行知识产权质押的国家和年代没有权威和被一致认同的说法，一种意见是日本在 1905 年开始实施的知识产权质押融资是最早的真正意义的知识产权质押。在 1905 年 10 月，日本通产省公布的《知识产权担保价值评告中方法研究会报告》指出：知识产权是一种新型的可用来融资的有潜力的资产[②]。日本开发银行具体承担日本国家政策实施义务，制定了《新规事业育成融资制度》，形成了专利质押融资机制，调动与专利质押融资相

---

① 王颖：《科技型企业知识产权质押融资的问题研究》，重庆理工大学硕士学位论文，2014 年 3 月，第 2 页。

② 王政贵，徐珍，张可鹏：《促进科技创新目标下的知识产权担保融资及其法律问题》，载于《行政与法》，2010 年第 8 期，第 102～105 页。

关的主体的积极性，帮助缺乏传统担保物的日本风险企业获得融资，使得日本风险企业和高新技术企业得到了新的融资渠道。之后，欧美国家纷纷效仿，逐渐开始并完善了知识产权质押融资。虽然从世界范围来看知识产权质押起步较晚，但用知识产权作为担保物进行融资却有很长的历史。美国是最早在法律层面规定知识产权可以作为担保物的国家，但开始时并未要求以知识产权作为担保物的合同必须办理登记，因此也发生了知识产权担保物被转卖从而引起纠纷的情况。早在 100 多年前，美国的大发明家爱迪生就曾用其发明的专利作为担保，为当时的美国通用电气公司融资。从世界范围来看，目前进行知识产权质押的企业主要集中在中小企业，大企业较少选择这种融资方式。知识产权质押的融资额也远远小于通过传统抵押获取的融资额，而且也小于知识产权转让或者许可的交易额，其发展比较平稳，在模式有创新之前难以有爆发性的增长。

二、我国知识产权质押发展概况

我国在 1995 颁布的《担保法》中就确立知识产权可以质押，规定知识产权中的财产权可以作为一种担保形式，用于银行质押贷款，但是在实践中，知识产权质押融资的环境并不乐观。在 1996 年 10 月至 2008 年 10 月 12 年间，国家知识产权局登记备案的专利质押共 470 件，质押担保总金额 490 亿人民币，平均每年只有 30 多家企业用知识产权质押融资。我国银行机构参与的知识产权质押融资在 2006 年才开始较大面积试点，其中较为典型的如交通银行北京分行推进的知识产权质押融资业务。2006 年，柯瑞生物医药科技有限公司凭借其拥有的一个生物医药方面的发明专利，成功通过质押从交通银行北京分行获得一笔 150 万元的质押贷款，此为我国首个专利质押银行贷款，从此知识产权质押中相对较难估值和操作的专利质押也成功破冰。同年，上海浦东新区启动了知识产权质押融资试点工作，武汉基于北京、上海浦东的模式基础也开始推进知识产权质押工作。北京的模式是"银行＋企业专利权/商标专用权质押"的直接质押贷款，浦东模式是"银行＋政府基金担保＋专利权反担保"的间接质押贷款，武汉模式则是"银行＋科技担保公司＋专利权反担保"的间接质押贷款。这三种模式中政府和银行都扮演了重要的创新角色。由此可见，政府为主导的强力推进加速了我国知识产权的转化，在一定程度上缓解了科技型中小企业的融资难问题。随即，在"十二五"规划中提出的"提高企业金融支持"的宏观政策背景下，从 2009 年开始，我国已经开始将北京、广东、四川、上海、湖北等多个城市和地区确定为知识产权质押融资试点，开展企业知识产权质押融资业务，促进企业融资问题的解决。不仅如此，在 2016 年，国务院又公布了《"十三五"国家知识产权保护和运用规划》，旨在促进知识产权高效运用，提高知识产权的转化程度。① 由此看来，知识产权质押制度中的激励措施，从制度层面上推动了技术革新和强化新技术的保护，并为相关制度的运行扫清了障碍。

第二节　知识产权质押的价值学考量

一、知识产权质押融资的私人价值与社会价值解析

"知识产权"是一种智力成果，也属于一种"知识产品"，具有价值性、无形性和专属垄断性，与一般的产品不仅存在外观可视性的差别，还具有使用范围的阶段性特许使用的独特性。知识产品具有资产属性和资产价值，其经济学属性当然不能忽视，知识产权质押也是实现其经济价值的重要途径，从经济学角度剖析其私人价值与社会价值，有利于为知识产权质押的制度设计提供更好的逻辑进路和考量因素。

（一）知识产品的"公私兼具"双重属性界定

依据经济学理论，社会产品主要有三类：私人产品、公共产品和混合产品。私人产品（private goods）是可以利用市场机制进行提供的产品和服务，其需求总量具有社会单个需求量"算数和"的特征，需求者通过价格机制表达需求数量。在完全竞争市场条件下，其价格和数量都接近于"均衡价格"和"均衡数量"。在消费方面，私人产品还具有消费上的排他性（excludability）②，具有消费利益的独占性和专有性。反观知识产权，我们不难由分析得出，知识产权所有人对其知识或智力成果享有独占或排他的权利，未经其许可，任何人

---

① 宁新春：《搭建知识产权交易平台　激活知识产权造富功能》，载于《东莞日报》，2018 年 10 月 17 日"本报时评"专栏。

② 排他性在经济学中是指一类物品（财产）归某位消费者或某类消费人群所拥有并控制时，就可以把其他消费者排斥在获得该商品的利益之外，对其他消费者就称为具有排他优势。其为一种生产或消费领域中的价值性外力（积极或消极地）影响一些人无法完全参与到自主的交换中。排他性是私人物品的一个特征。私人产品具有个人排他使用的特点，也就是说，一件物品在特定的时空下只能为某一特定的主体所使用和消费。

不得利用，否则构成侵权。循此逻辑，知识产权具有私人产品的排他性特征，这就构成了知识产权最重要的法律特征。此外，私人产品还具有消费上的竞争性（rivalrousness）①，竞争性意味着市场应该提供这种产品，因为只要允许市场以某种价格提供竞争性产品，就可以确保人们在做出生产和使用产品的决策时，适当地考虑成本和收益。此外，私人产品还具有效用上的可分割性（divisibility），可被分割成许多能够购买和消费的小单位，其效用只能为其付款的人提供。再看知识产品，通过产权所有者将其在不同地域授权许可，知识产权使用人则可使用该智力产品和获得相关收益。将竞争性产品留给市场，则可以提高经济效率。因此，对私人产品来说，市场应该并且愿意提供这种产品。同理可证，基于知识产品的私人产品属性，其也可以由市场来提供。反之，公共产品（public goods）则与私人产品相对应，指具有消费或使用上的非竞争性（non－rivalrousness）和受益上的非排他性（non－excludability）②的产品，其原因是因为每增加一个消费者公共产品所增加的边际成本几乎为零，且每个消费者的消费都不影响其他消费者的消费数量和质量，即公共产品的边际拥挤成本为零，此类产品的消费者的增加不会减少任何一个消费者的消费量，增加消费者不增加该产品的成本耗费。它在消费上没有竞争性，属于利益共享的产品。对于知识产品而言，其因可复制性和推广性，增加一个授权使用者，并不会增加边际成本，也同样具有公共产品属性。所以，知识产品具有"公私兼具"的产品属性，对其知识产权质押进行制度设计应当考量这一特殊性。

技术进步催生制度变迁，制度变迁推动技术进步。制度变迁与技术进步相似，两者主体都致力于追求利益最大化，都是经济发展和社会进步的动力。③因为技术进步可以提高生产效率，增加社会财富，从而推动社会进步。同样

---

① 私人产品的竞争性是指一种状态，即如果某个人消费了某种产品，其他人就不能再消费该产品。纯私人产品是指完全具有排他性和竞争性特点的产品，由于这类产品只适宜市场供给，所以称为市场产品。

② 公共产品的非竞争性是指一部分人对某一产品的消费不会影响另一些人对该产品的消费，一些人从这一产品中受益不会影响其他人从这一产品中受益，受益对象之间不存在利益冲突。例如国防保护了所有公民，其费用以及每一个公民从中获得的好处不会因为多生一个小孩或一个人出国而发生变化。其非排他性是指产品在消费过程中所产生的利益不能为某个人或某些人所专有，要将一些人排斥在消费过程之外，不让他们享受这一产品的利益是不可能的。例如，消除空气中的污染是一项能为人们带来好处的服务，它使所有人能够生活在新鲜的空气中，要让某些人不能享受到新鲜空气的好处是不可能的。

③ 张晓露：《"济莱协作区"的制度经济学角度解读》，载于《科学经济导刊》，2018 年第 14 期，第 174~175 页。

地，良好的制度变迁和立法完善，能够明细产权和交易规则，减少"权力寻租"和机会主义的产生，达到降低生产成本和交易费用的制度效用。知识产品具有公共产品和私人产品的双重属性。那么，在知识产权质押时，首先应从法律层面上清晰界定知识产品的产权，从而降低交易成本。而其公共产品属性则需要将知识产品作为一种非排他性和非竞争性的智力产品，知识产权质押过程中就应当有政府的参与，并且其应成为一个利益主体，这样才能强有力推动知识产品的不断进步和技术革新。因此，知识产品的产权界定的并非一般产品的单一属性，其双重属性决定制度设计的复杂性和多元性。反之，如果把知识产品简单粗暴地界定为纯公共产品，可能会在较大程度上减损知识产品创造者的创造热情和积极性，从而阻碍技术的进步和社会的发展。为了使知识产品为社会创造最大化的效用，知识产权作为一种私人权利应运而生。只不过这种私人权利由于知识产品具有的公共产品属性而受到了一定的限制。[①]知识产品的公私兼具属性既需要所有权形式的私权和收益权保护，以之稳定制度预期，同时也因其公共产品属性需要进行激励性的制度安排，并且需要通过政府的介入来降低交易风险。

基于此，知识产权中的知识产品具有私人价值和社会价值，权利人作为知识产品的私权主体，其价值主张便是实现其收益权，或者将其所有权变现实现经济价值，而非停留在私权认可这个阶段。再者，由于知识产品能推动社会进步，对社会发展具有正外部性，具有较高的社会价值，应当在满足所有权人的经济价值基础之上，极大释放和提升其社会价值。

（二）我国知识产权质押融资的利益博弈分析

近年来，我国的专利发明一直处于不断上升趋势[②]。截至 2019 年 6 月底，我国每万人口发明专利拥有量达到 13.5 件，据 7 月 24 日世界知识产权组织发布的 2019 年全球创新指数（GII）报告显示：中国的全球创新指数排名继续提升，从 2018 年的第 17 位上升至第 14 位。[③] 但是，这个数据我们不能忽略：

---

① 霍燃：《知识产权质押融资的法经济学分析》，载于《华北金融》，2013 年第 1 期，第 18～21 页。

② 2018 年，我国发明专利申请量为 154.2 万件。共授权发明专利 43.2 万件，其中，国内发明专利授权 34.6 万件。在国内发明专利授权中，职务发明为 32.3 万件，占 93.3％；非职务发明 2.3 万件，占 6.7％。该数据来源于国家知识产权局 2019 年首场新闻发布会，具体参见：http://www.jintiankansha.me/t/aDM9P0IV2p.

③ "保护知识产权 中国赢得赞誉"，摘自《人民日报海外版》，2019 年 7 月 31 日，具体参见：https：//finance.sina.cn/2019－07－31/detail－ihytcerm7451100.d.html.

2018 年，我国专利质押融资金额达仅有 885 亿元，同比增长 23％，质押项目 5408 项，同比增长 29％。[①] 可以看出，我国的知识产权质押融资规模虽然出现了纵向增长的势头，但知识产权质押融资比仅为 0.3％左右，而科技型企业和中小企业融资难仍然是阻碍其快速发展的一大难题。尽管政府大力提倡和推动知识产权质押，并频繁出台风险专项资金、利息补贴等风险兜底政策，以解决科技型中小企业的"融资难、融资贵"的问题，但企业反应并不乐观，实际达成融资合作的数量与质量与政策的积极性形成巨大反差。由此可见，知识产权质押融资的金融支持和促进作用并未得到充分显现，知识产权的经济性和财产属性并未对企业的未来收益和资金融通产生较大影响。我们需要进一步分析蕴藏在这一现象背后的深层次原因。

知识产权质押融资是现代科技与现代金融的对接与融合，其参与主体有知识产权所有者、第三方评估机构、担保机构、银行等金融机构，各主体基于经济人的理性选择，均希望在合作中实现自身利益最大化、风险最小化。不容忽视的是，由于信息不对称而产生的多次博弈使整个知识产权质押过程变得复杂，甚至每个环节都因不确定性而蕴藏着风险。在知识产权质押中，各主体之间既是竞争关系又是合作关系。一方面，在知识产权质押过程中，融资企业与银行是博弈关系的直接参与者，融资企业需要从金融机构获得贷款以解决企业运行中的资金困境，银行则主要想获得该笔贷款的利益收入，并在到期日收回本金，这两个主体之间存在利益上的博弈，[②] 因为信息不对称，知识产权质押必然存在道德风险和逆向选择。与此同时，知识产权质押主体之间又是一种合作关系，他们之间经过多次博弈，最终达成合作关系，出质人在既定条件的约束下得到了最大额度的贷款，金融机构在一定的风险评估下得到了最大限度的利息收入，从而形成理想的博弈均衡状态[③]。此外，知识产权质押也是一个系统性问题，知识产权的融资能力是该系统中的核心要素，对融资能力的评估和认可是知识产权质押系统中的关键环节。由于知识产权具有无形性、价值评估的非直观性以及未来收益的不确定性，使得对不同类型的知识产权的融资能力

---

① 数据来源："国家知识产权局 2018 年主要工作统计数据及有关情况发布"，国家知识产权局 2019 年 1 月 10 日发布，具体参见：http：//ip.people.com.cn/n1/2019/0110/c179663 - 30515513.html.

② 尹夏楠：《知识产权质押融资模式及风险管理研究》，中国矿业大学（北京）博士学位论文，2017 年 10 月，第 31 页。

③ 博弈均衡也称为"纳什均衡（Nash Equilibruim）"，是指使博弈各方实现各自认为的最大效用，即实现各方对博弈结果的满意，但各方实际得到的效用和满意程度是不同的。在博弈均衡中，所有参与者都不想改变自己的策略的这样一种相对静止的状态。

的认定差异较大。再者，金融机构作为知识产权的质权人，在利益博弈过程中，必然考虑和关注知识产权的法律风险、市场风险、融资企业经营风险、变现风险以及国家宏观政策风险[①]，这成为知识产权质押需要经历从动态竞争到静态均衡的多次博弈的主要原因。不仅如此，在整个知识产权质押的不同阶段，利益主体之间存在信用风险，在知识产权使用阶段还存在侵权风险，在最后的变现阶段还可能存在补偿风险[②]，这又增加了利益主体之间的博弈次数。从上述分析可知，知识产权质押的风险性影响着质押产品的融资能力，其价值的稳定性不易控制和预测，知识产权未来的预期收益也就成为利益主体之间博弈的重要考量因素。这与有形资产的担保和质押存在着较大差异，知识产权质押融资的制度设计的特殊即为了满足由此产生特殊需求。

二、知识产权质押价值评估方法及难点分析

一般来说，无形资产价值评估有三种方法，分别为成本法、市场价值法和收益法。专利、著作权、工业产权等均属于知识产权，它们同样具有无形性，属于无形资产的类别，自然可以使用这三种方法进行价值评估。具体而言，成本法主要适用于计算在新的无形资产使用后对企业生产成本的降低或者生产效率的提高而带来的收益，这部分价值可以评估为该项知识产权的价值，并以之进行产权交易或质押。该方法的难点在于：生产成本受到管理能力、边际成本、人力资源以及其他技术进步等多种因素影响，生产成本与知识产权的相关程度高低也会影响其价值的认定，该项知识产权的使用并非其成本降低的唯一原因。成本价值评估法看似简单，其实运用很复杂，这是其具有局限性的重要原因所在。市场价值法则适用于专利、商标和版权等，一般是交易双方在充分协商的基础上共同达成一致的意思表示：以该项无形资产交易收入的一定比例确定其价值，以之作为知识产权的评估价值。该种方法的适用限制条件为：该项无形资产是否具有较强的可变现能力，是否存在活跃的交易市场，是否在市场上有类似资产可供交易，及其资产特性、获利能力、市场敏感性和成熟程度等，如果这些信息收集不够充分，则不能保证其评估价值的准确度。反观收益

① 鲍新中，屈乔，傅宏余：《知识产权质押融资中的价值评估风险评价》，载于《价格理论与实践》，2015 年第 3 期，第 99~101 页。

② Crawford John, Strasser Robert. Managment of Infringement Risk of Intellectual Property Assets [J]. Intellectual Property & Technologe Law Journal，2008，20（12）：pp7~10.

法，则是依据该项无形资产未来的收益或未来现金流量的现值（present value）① 评估其价值。收益法的关键是除需要收集类似知识产权在使用过程中的历史收益信息，还需要预测未来的预期收益，才能科学合理地确定其评估价值。但是，我们无法绕开的难题是，由于该种方法是以折现的方式来计算知识产权价值，确定折现率（discount rate）② 和资本化率（capitalization ratio）③ 是必不可少的步骤之一，而折现率受到企业盈利能力、经营状况、知识产权变现能力、以及银行当期利率以及宏观经济形势走向甚至国际经济状况等因素的影响。不言而喻，知识产权作为一种无形资产，其价值的科学合理评估是横亘在"知产"变为"资产"之路上的重要障碍。价值评估是知识产权质押的重点、难点和痛点，也是阻碍知识产权质押纵深推进的重要因素。其价值确认的难度不仅仅因为无形性和公允性的梗阻、未来收益风险性的不确定，还来源于会计学上的专业难点。正如美国著名会计学家 E. S. Hendrickson 教授所言：价值评估是知识产权质押工作的核心部分和关键环节，企业资产评估关涉会计准则和会计政策，知识产权作为一类无形资产，其价值评估不仅缺乏相应的标准，还具有高度专业化的特点。

第三节　知识产权质押的风险阻碍

一、我国知识产权质押的风险状况剖析

所有权是一种静态的权利，不存在自我实现其价值的可能性，它要通过权

---

① 现值，也称折现值，是指把未来现金流量折算为基准时点的价值，用以反映投资的内在价值。使用折现率将未来现金流量折算为现值的过程，称为"折现"。在现值计量下，资产按照预计从其持续使用和最终处置中所产生的未来净现金流入量的折现金额计量。例如：在确定固定资产、无形资产等可收回金额时，通常需要计算资产预计未来现金流量的现值；对于持有至到期投资、贷款等以摊余成本计量的金融资产，通常需要使用实际利率法将这些资产在预期存续期间或适用的更短期间内的未来现金流量折现，再通过相应的调整确定其摊余成本。

② 折现率是指将未来有限期预期收益折算成现值的比率。折现率是企业在购置或者投资资产时所要求的必要报酬率，折现率的确定，应当首先以该资产的市场利率为依据。

③ 资本化率是指将未来无限期预期收益折算成现值的比率，又称还原化率、收益率，它与银行利率一样也是一种利率。后者是把货币存入银行产生利息的能力即利息率，前者则是把资本投入到不动产所带来的收益，两者不能等同。资本化率也不同于其他行业的收益率，因为它们反映的是不同投资领域的获利能力。

利人的占有、使用、收益、处分等具体权能之转换来体现。知识产品也不可能自行传播开来，更不可能自己走到市场中去交易。充分利用知识产权，将知识产权之标的通过特定的形式传播开来，并得到相应的对价，不但满足了社会对知识产品的需求，也促进了知识产权向社会价值和经济价值的转换。虽然知识产权的权利归属已经由法律做了明确的界定，其权利之下的收益也可基于法定或约定进行分配。但是，由于专利等知识产权可以同时特许多个使用权人使用，加之知识产权价值评估的难点不易克服，当知识产权作为一种产权担保用于出质并获得融资时，不仅涉及知识产权人的处置权制约，还涉及第三方评估机构的价值评估公允性问题。因此，知识产权质押融资的固有风险是其发展中的最主要因素，该风险的存在制约了知识产权质押融资工作的开展，如何规避这些风险是知识产权质押中最为重要的难点，深入分析其风险中的深层次原因是进行知识产权质押的关键问题。

（一）知识产权归属界定的法律风险

知识产权作为一种智力成果，其产权人往往与所在单位有着千丝万缕的关联，虽然我国《专利法》第6条及《专利法实施细则》第12条对"职务发明"与"非职务发明"有着法律意义上的区分①，其以列举的方式对职务发明的几种情形做了界定：一种是本职工作中的发明创造，一种是完成本职工作之外的其他任务而做出的发明创造，还有一种就是调离或辞职后1年内，与原单位本职工作或者原单位分配的任务而产生的发明创造，并对利用"本单位"的物质条件做了较为明确的解释②，但还是存在大量的"模糊地带"。执行本单位的任务这个范围本来就比较宽泛，尤其是在单位从事技术管理的人员，其技术和物质条件的利用与日常工作密不可分，何为职务行为，何系任务分配，它们之间也并非非此即彼的泾渭分明，很难界定员工是否利用本单位的物质技术条件，发明人与雇佣单位之间的资源利用和利益纠葛很难截然划分，且法律并未

---

① 我国《专利法》第6条和《专利法实施细则》规定：执行本单位的任务或者主要是利用本单位的物质技术条件所完成的发明创造为职务发明创造。职务发明创造申请专利的权利属于该单位；申请被批准后，该单位为专利权人。非职务发明创造，申请专利的权利属于发明人或者设计人；申请被批准后，该发明人或者设计人为专利权人。利用本单位的物质技术条件所完成的发明创造，单位与发明人或者设计人订有合同，对申请专利的权利和专利权的归属做出约定的，从其约定。

② 2010年修订的《专利法实施细则》第12条规定：《专利法》第6条所称本单位，包括临时工作单位；《专利法》第6条所称本单位的物质技术条件，是指本单位的资金、设备、零部件、原材料或者不对外公开的技术资料等。

对利用单位资源的职务发明的利用方式、利用程度做出详细的界定和说明[①]，这也引发了专利技术的很多专利纠纷。在实务中，法律也赋予了知识产权的私权性质，即允许通过契约方式约定专利权归属。但是，由于技术发明的偶然性、过程的复杂性以及结果的不确定性，事先清晰的合同约定为数不多，专利权纠纷往往是产生了经济效益之后才引发的争端。还有，依据我国《担保法》之相关规定[②]，知识产权质押可以作为一种权利进行质押，并应当到有关部门进行出质登记。但是，知识产权质押是一种权利质权，是以所有权以外的可让与的财产权利为标的而设定的质权[③]，应当具有物权和担保物权之特征，具有从属性、不可分性、物上代为性和优先受偿性[④]，这种权属认定不清的风险可能导致质权人无法有效实现主债权[⑤]。但是，知识产权质押又不同于一般的动产质押，因为知识产权以专利证书或者权利证书为权利证明要件，但由于知识产权可以多次授权许可使用，其质押不以转移权利证书为生效要件，无须转移标的物的占有。因此，知识产权质押的法律权属风险由此产生。

（二）知识产权的债权处置变现风险

知识产权质押是一种债权担保，由于知识产权的可让与性和授权许可的多主体性，其权利质押与一般的动产质押有着较大的区别，债务人可以将自己合法拥有的知识产权设定质权，也可以将第三人的但自己拥有使用权的知识产权设定质权进行质押。从本质上讲，债权人与债务人签订了质押合同，当债务人不能履行到期债务时，债权人依法或依照合同约定以折价、拍卖或变卖的方式获得价款而实现债权。[⑥] 究其关键，知识产权是一种权利质押，不同于一般的有形动产质押。知识财产不同于传统民法意义上的物，是一种"有限"财产，因为它不具有完全的私权属性，尤其是权利保护期届满之后便进入公共领域而

[①] 谭艳红，黄志臻：《试论我国职务与非职务发明专利权的权属界定及其完善》，载于《南京工业大学学报（社会科学版）》，2011年第2期，第30～35页。

[②] 我国《担保法》第79条规定：以依法可以转让的商标专用权，专利权、著作权中的财产权出质的，出质人与质权人应当订立书面合同，并向其管理部门办理出质登记。质押合同自登记之日起生效。"通过设定质押登记手续，可以起到公示的作用，既避免了质押人私自处分该物向第三人转移知识产权的风险，亦使第三人能够预先知道权利是否有瑕疵，从而有效的保护质押权人的利益。

[③] 刘迎生：《权利质权设定的若干问题》，载于《中外法学》，1998年第2期，第52～57页。

[④] 俞菲：《论我国专利权质押贷款制度》，复旦大学硕士学位论文，2010年4月，第3页。

[⑤] 宋为，胡海洋：《知识产权质押贷款风险分散机制研究》，载于《知识产权》，2009年第4期，第73～77页。

[⑥] 王颖：《科技型企业知识产权质押融资的问题研究》，重庆理工大学硕士学位论文，2014年3月，第14页。

成为公众自由使用的知识产品。① 由此观之，知识产权的质押权人在权利保护期内通过变现以实现其价值，尤其是在债权到期日，其价值变现尤为重要和关键，知识产权交易则成为实现其价值的重要途径，知识产权交易市场则是交易的重要场所。反观我国知识产权交易，虽然已经在线上建立了交易平台，在线下建立了交易市场，但市场交易量小，机制不成熟，信息流通不顺畅，手续烦琐复杂，这些问题都严重抑制了知识产权的变现能力。况且，由于科学技术的不断进步和发展，对于作为质押标的的知识产权，随着时间的推移会出现价值贬损的情况，知识产权质押所具有的这种价值不稳定性使得银行畏而止步②。因此，知识产权的流动性较弱，这直接影响了债权人欲通过知识产权变现确保到期债务得到清偿的预期，与不动产抵押相比，知识产权质押物的流动性相对较差，并受到产权交易活跃度的限制，其拍卖、转让、诉讼及执行的交易成本较高。银行难以像处理有形资产一样，迅速通过拍卖、转让等方式收回资金③。知识产权变现的高成本与低效率，不仅增加了知识产权质押的风险和交易成本，也阻碍了知识产权质押融资市场的发展和科技成果的转化，降低了自然资源的配置效率，减损了社会总福利。

二、知识产权质押法律风险的成因

（一）知识产权质押制度创新滞后

人类一直处在不断创新的过程中，不仅表现为科学技术的创新，还表现为社会运行体制、意识形态和法律制度的创新。正如美国著名经济学家熊彼特所言，"创新"就是在生产体系中产生了生产要素的重新组合、生产条件的不断变化、新技术的不断进步和新体制的不断创制，甚至包含企业组织结构的创新。④ 科学技术进步产生知识产品，知识产品催生知识产权及其法律制度的创新，知识产权的运用需要与"资本"对接与融合，更让知识产权质押法律制度

① 吴汉东：《知识产权法的制度创新本质和知识创新目标》，载于《法学研究》，2014年第3期，第95～108页。

② 谭果林：《知识产权质押贷款风险控制的实践与探讨》，载《科技与法律》，2010年第4期，第40～43页。

③ 仇书勇，龚明华，陈璐：《知识产权质押贷款的风险及其防范》，载于《新金融》，2009年第9期，第49～53页。

④ ［美］约瑟夫·阿洛伊斯·熊彼特：《经济发展理论：对于利润、资本、信贷、利息和经济周期的探究》，叶华，译，中国社会科学出版社2009年版，第85页。

产生了创新需求。反观我国知识产权质押制度，《担保法》和《物权法》仅从物权的角度界定了知识产权质押的范畴，并在法律上确定了其可供出质的特性，而《著作权法》《中华人民共和国商标法》（以下简称《商标法》）《专利法》等相关法律，仅仅从知识产权权属和转让登记流程方面对其做了实体和程序方面的制度安排，并未对知识产权质押问题做出相关法律规定，再看知识产权局等相关主管部门所制定的质押登记管理办法，也仅仅就质押的条件、质押登记程序等做了规定，至于可以设立质押的具体知识产权类型，法律未做出明确规定。① 随着我国创新驱动战略实施的不断深入，知识产权类型不断创新，知识产权质押的标的也日益创新，这更对相关的制度创新提出了更高的要求。但是，由于我国"惰性"的法律文化以及消极精神因素的沿袭，加之现代中国对知识产权规则的"被动性接纳和移植"，公众对知识产权法律的认同感不足，② 我国的知识产权质押法律制度创新比较滞后。

知识经济时代，经济与知识密不可分，二者相互促进、相互作用。知识产权质押是技术与资金融合的产物，知识产权质押法律制度更是科技、制度和经济的综合体。"所有的知识产权法律都是其所处社会和经济政治环境的产物，尽管这一点不是一直在各种历史统计文献中被强调。"③ 知识产权法应当随着知识产品的创新而不断创新，因为制度创新能为利益相关者获得增量的利益收益。一方面，法律制度因其固有的滞后性，未能跟上技术变革的步伐，使新型的知识产品及其权利未能纳入知识产权质押的标的范围之中。另一方面，知识产权质押具有天然风险性，其制度设计未能有效地规避风险或降低风险发生的概率，知识产权法应有的激励作用未能蕴含和彰显。此外，知识产权质押不仅关乎质押前的法律权属风险，也包括设立质押后因其可以多地域多次数的特许授权使用问题而引发的知识产权权属争议，以及因技术进步和经济形势突变而引发的知识产权价值贬值，甚至因当事人诚信等原因产生的知识产权被撤销等问题，这些问题均需要法律制度予以规制和约束。尽管专利权、商标专用权及著作权中的财产权具有各自明显的特性，应从客观实际出发相应地制定单行的评估准则，但 2019 年 8 月中国银保监会、国家知识产权局、国家版权局联合

---

① 王锦瑾：《我国知识产权质押法律风险及防范》，载于《河南财经政法大学学报》，2013 年第 1 期，第 186～192 页。

② 吴汉东：《知识产权法价值的中国语境解读》，载于《中国法学》，2013 年第 4 期，第 15～26 页。

③ Alison Firth（ed.），The Prehistory and Development of Intellectual Property System，Sweet & Maxwell，1996，p. 3.

发布了《关于进一步加强知识产权质押融资工作的通知》却以偏概全地用屈指可数的条文试图将与知识产权相关的估价问题一网打尽。这一做法有违法律规则明确性的要求，必然会导致知识产权质押融资评估实践陷入一种"有法可依而无法可从"的怪圈①。在我国，知识产权质押后应当在相关部门进行质押登记，以限制知识产权的收益权不当使用。但是，缺乏质押公示之规定是知识产权质押制度的一个重大缺陷，公示制度对善意第三人的权利保护具有不可替代的作用，也是降低知识产权质押风险的重要手段。但目前我国的知识产权质押登记主管部门不明确、质押登记公示制度不完善、相关信息披露制度不健全等，不仅极大地削弱了登记作为公示手段的作用，而且这种对知识产权质押多头登记的做法也加大了当事人的成本及结果的不确定性，从而危及知识产权质押的安全和效率②。

（二）知识产权质押制度设计的激励机制欠缺

从世界文明史来看，能否抓住科技革命的机遇，是决定一个国家兴衰成败的关键，③ 也是奠定其世界领先地位的基础和核心。一个国家的知识产权授权量是衡量一个国家知识产权制度或者科技发达程度的标准，但却不是绝对唯一的标准，知识产权的运用（实施）率，则是深层次反映知识产权制度对社会发展的影响的一个量值标准。知识产权制度应当鼓励创新，并形成一整套切实可行的激励机制，知识产权质押制度更应当建立风险共担的制度环境。在我国大力推进创新驱动战略的背景下，加速科技成果转化、提升综合国力是占领世界制高点的重要途径。知识产权物理上的无形性和质押过程中的高风险性，成为提高知识产权的"创新效率"的主要障碍，加快知识产权成果转化，不仅需要建立市场化机制，更需要各级政府参与，应打造区域性创新平台，充分发挥科技人员的积极性和创新性，降低科研投入风险，创造良好的科技基础设施，形成利益共同体，共同发展。知识产权质押主要涉及知识产权出质人、银行金融机构，由于知识产权质押标的物变现难的问题依然普遍存在，④ 银行作为以盈

---

① 黎四奇：《知识产权质押融资的障碍及其克服》，载于《理论探索》，2008年第4期，第139～142页。

② 李增福，郑友环：《中小企业知识产权质押贷款的风险分析与模式构建》，载于《宏观经济研究》，2010年第4期，第59～62＋67页。

③ 马一德：《创新驱动发展与知识产权战略实施》，载于《中国法学》，2013年第4期，第27～38页。

④ 续梦雅：《论我国知识产权质押制度的完善》，河北经贸大学硕士学位论文，2013年3月，第24页。

利为目的自负盈亏的市场主体，其风险偏好程度自然不高，对知识产权质押融资采取谨慎性原则也在情理之中。另外银行对知识产权认识不清，既缺少对技术层面的认识，也缺少对市场的把握。更为关键的是，要把蓝图上的知识产权项目转变成实实在在的产品，这个产业化的过程有太多无法预知和防范的风险。[①] 因此，知识产权质押融资无法运用市场机制进行推动和发展，价值规律也并未起到"价格发现"之功能，知识产权质押融资也并未出现政府所期望的欣欣向荣的局面，而是有种"叫好不叫座"的尴尬和无奈。当知识产权质押面临"市场失灵"时，则就意味着政府就应该参与和介入了。政府参与经济活动最主要的方式是通过分析民众的利益诉求，制定出能增加和平衡民众利益的法律、规章和制度，以增加社会总福利。在现代社会中，广义的制度就是指人们通过谋划来解决实际问题的工具和手段。[②] 政府在知识产权质押融资方面的制度的出发点就是应当疏浚融资过程中的梗阻，降低参与主体的风险，增加知识产权为人类带来的收益。

实践中，我国知识产权质押的主体有：知识产权人、保险机构、银行和中介机构，其中银行作为重要的参与主体，其参与的意愿、积极性是知识产权质押融资的关键。出于对融资的风险规避与防范，银行要求企业，尤其是科技型中小企业的知识产权质押融资，都由担保公司进行担保，但由于科技型中小企业几乎都是属于"轻资产"企业，存在管理水平较低、市场前景不太明朗、抗风险能力弱等特点，能收取的担保费数额较小，担保公司所付出的机会成本（opportunity cost）[③] 偏高，这也成为担保公司不愿介入的主要原因。保险公司基于同样的"理性选择"，面对较高的赔付率，对于知识质押融资的参与度也不太高。因此，为了风险管控而设立的担保和保险制度并未从根本上解决知识产权质押融资的风险分担问题。

---

① 丘志乔：《中国知识产权质押融资实证分析与研究》，知识产权出版社 2018 年版，第 47 页。

② 严强：《公共政策学》，社会科学文献出版社 2008 年版，第 3 页。

③ 机会成本是指企业为从事某项经营活动而放弃另一项经营活动的机会，或利用一定资源获得某种收入时所放弃另一种收入时，另一项经营活动应取得的收益或另一种收入即为正在从事的经营活动的机会成本。通过对机会成本的分析，企业在经营中要正确选择经营项目，其依据是实际收益必须大于机会成本，从而使有限的资源得到最佳配置。机会成本主要包括：使用他人资源的机会成本，即付给资源拥有者的货币代价的"显性成本（explicit cost）"，以及因为使用自有资源而放弃其他可能性中得到的最大回报的那个代价的"隐性成本（implicit cost）"。

第四节　知识产权质押外部性约束

近年来，随着《国务院关于进一步支持小型微型企业健康发展的意见》《关于加强知识产权质押融资与评估管理支持中小企业发展的通知》等一系列政策文件的出台，国家层面大力推进知识产权质押融资，地方层面密集出台配套措施，各级政府充分发挥管理职能，积极引导知识产权服务机构、评估机构、担保机构和金融机构多方发力，共同破解科技型企业的融资难题。我国知识产权质押融资工作已在全国范围内广泛推行，融资规模不断扩大，融资金额逐年攀升，这在一定程度上破解了科技型企业"融资难、融资贵"的难题，在实现专利价值、服务中小微企业、助力创新发展等方面起到了重要作用。国家知识产权局统计数据显示：2017年，我国专利质押融资总额为720亿元，同比增长65%；专利质押项目总数为4177项，同比增长60%。2018年，质押融资工作更是形势喜人，仅1~4月新增专利质押融资金额就达到261亿元，同比增长26%；专利质押项目数量达到1256项，同比增长37%。

一、知识产权质押融资的正外部性分析

估值难、风控难、处置难等痛点一直是阻碍知识产权质押融资规模化发展的桎梏，其中，知识产权的价值评估成为"知本"向"资本"转变时首先需要解决的问题。知识产权法律权属不稳定，资产价值易受技术演进、市场波动等因素影响，这加大了知识产权价值评估的难度。知识产权是人类智慧的结晶，是科技进步和发展的智力成果，虽然存在流动性差、估值难等问题，但知识产权质押融资作为创新创业金融服务的重要手段和主要途径，具有很强的正外部性（positive externalities）。从表面上看，知识产权质押融资无非是资金需求方与资金供给方的资金与知识产权的权属让渡，似乎属于私法的范畴。但是，知识产权质押融资不仅加速了"知产"向"资产"转化，还能在较大程度上解决科技型企业这类"轻资产"企业的融资难问题，使科技切实转化为生产力，提高科技对经济增长的贡献率。因此，知识产权质押融资的正外部性不仅表现在其满足了资金债务人的融资需求，还表现在保障了知识产权权利人的资产收益的权利。知识产权的顺利和快速转化，不仅有利于经济增长方式的转变，还能提升经济增长的可持续发展能力，更能夯实国家的核心竞争力。

知识产权质押所产生的社会收益大于个人收益，因其正外部性长期被忽略，知识产权质押融资主体实施的行为即使对第三人或公共利益有溢出效应，但也少有相应的政策和法律制度给予肯定和支持，且其内含成本无法得到弥补。

二、知识产权质押融资的正外部性约束

相对于传统行业，科创企业有更高的风险和更长的成长期。过去科创企业融资难、融资贵的根本原因，还是市场上的资金融出方对很多创新技术的可靠性以及未来的应用前景存在信息不对称。技术专利在很大程度上是对成功创新技术的价值"背书"，对于解决科创企业与金融机构之间的信息不对称有极强的作用。专利质押融资的快速增长，也显示了金融与科技良好互动共赢的未来。但科技型中小企业普遍具有规模小、固定资产少、土地房产等抵押物不足的特点，往往因为资金短缺而无法扩大产能。对于这些企业来说，以合法拥有的专利权、商标权、著作权等知识产权经评估后作为质押物，向金融机构申请融资是较为可行的融资途径。因此，企业对于专利技术的转移转化、交易推广也越来越重视。

由于知识产权具有无形性、技术复杂性和变现的高风险性，加之不同知识产权存在实用性差异，其产权质押融资就必然存在融资供需信息不对称、融资能力的不对称等问题。知识产权的未来收益，主要取决于知识产权与生产应用相结合之后创造的价值和利益。但是，知识产权质押最终产出不仅仅取决于知识产权本身的评估价值，还取决于该产权使用者的管理水平、运用能力以及市场变化和宏观经济形势。此外，知识产权质押融资风险难以如实物资产那样，通过质押资产的变现来补偿。与实物资产抵押融资相比，知识产权质押融资的风险和收益是不对称的。[①] 这种预期收益的不确定性和收益与风险的不对称性，导致知识产权质押融资的正外部性受到长期制约，其融资效果自然与融资需求相去甚远。

知识产权质押融资面临的另一重大问题就是知识产权的价值风险控制问题，能否建立健全知识产权价值风险防范体系是其中的关键。知识产权法是知识（科技、文化）、经济和法律相结合的产物，其产生、变革和发展的历史即

---

① 苑泽明，姚王信：《知识产权融资不对称性的法经济学分析》，载于《知识产权》，2011年第2期，第41~45页。

是知识创新与法律制度相互作用、相互促进的历史。① 因此，应当有一系列的法律制度设计和制度安排，以解决知识产权质押融资外部性被约束的问题。故进一步发展知识产权质押融资，需要重点从三个方面推动：一是健全知识产权法律制度，消除知识产权的权利不稳定性、权利人的权属与权益的不确定等问题；二是建立具有较强专业性和公信力的知识产权评估体系，避免知识产权价值评估的不确定性风险；三是健全知识产权流转交易体系和处置变现机制，解决知识产权作为抵押物处置变现能力较差的问题。金融机构应切实提升相关业务人员的专业能力和业务水平，加强与政府部门、评估机构、担保机构、法律机构的合作，建立健全专利质押融资风险分担及补偿机制，重点支持市场前景良好、知识产权价值较高的科技创新企业。

三、发展知识产权质押融资的政策建议

（一）知识产权质押融资的制度设计

知识产权质押融资本来是一种约定的产权，在知识产权的客体即知识产品之上存在着两个产权主体的权利，双方可以依靠约定产权来界定权利的界限。但是由于知识产权的特殊性，如果单纯地依靠约定产权的方式来进行交易，会出现很多难以预计的困难，使交易安全难以保证，市场变得混乱不堪，进而效率也就大大的受到了影响，而由于经济人的理性、自利，放贷人很有可能就不选择此种约定产权的交易，那知识产权质押融资只能是空谈。因此需要相应的制度设计来维护知识产权质押融资市场交易的稳定与安全。法律是制度设计的载体，因为法律带有强制性，容易造成公权力对私权利的冲突，但是社会的存在与发展有时是需要牺牲一部分私权利的。所以，产权制度的建立实际上就是为了解决对产品的利用顺序问题，而知识产权质押融资的制度设计也以解决两个主体之间的产权界限及实现问题为宗旨。

我国自 1995 年的《担保法》开始，将作为质押标的的知识产权列入法律保护的范围，知识产权质押融资制度也就开始建立，其包含几个方面：一是可出质知识产权的范围。为了维护知识产权质押融资市场的秩序，必须要明确界定知识产权质押标的范围，将不能出质的知识产权拒之门外，以免引发过多的

---

① 吴汉东：《知识产权的制度创新本质与知识创新目标》，载于《法学研究》，2014 年第 3 期，第 95～108 页。

纠纷；二是对知识产权人的限制。法律限制知识产权人就出质知识产权进行处分的权利，其考虑到的是知识产权人的处分有可能会损害知识产权的价值，从而增加质权人获偿的风险，因此为了控制风险，对其权利进行了限制；三是质权实现的规定。法律规定了在知识产权人无法偿贷的情况下，质权人有优先就出质知识产权折价、拍卖或变卖所得价款优先受偿的权利。这就是上文所述产权制度设立所要解决的问题，如果没有相应的制度设计，那所有权和质权如何实现产权利用将会成为一个难题。

（二）解决知识产权质押融资动力不足的建议

由于放贷人选择知识产权质押融资的机会成本较高，知识产权的价值难以确定。加之国内知识产权交易市场的发展并不完善，因而放贷人在债权无法受偿时对能否实现质权也就不能确定，因此银行或其他金融机构对知识产权质押参与的积极性始终不足。这就需要通过降低机会成本或者增强质权实现保障的方法来增强银行或其他金融机构的放贷信心，以增加其知识产权质押的动力。

1. 降低知识产权质押融资中放贷人所负担的机会成本

放贷人放贷需要考虑多方面的因素，以防止自己所贷出的资金难以回笼，因此有形财产质押以及有价证券、汇票、支票等无形财产的质押有一定优势。质权人可以基本确定自己质权的实现可能，但是知识产权质押的融资风险却颇高。而风险成本也是机会成本的组成部分，因此放贷人选择知识产权质押融资而放弃其他担保形式的担保融资所承担的机会成本是相当高的。如果要降低其所负担的机会成本，就必须要控制放贷人选择知识产权质押融资的风险：一是为知识产权质押融资创造一个良好的政策环境。可由政府制定一系列政策来鼓励知识产权质押融资的实施，如贴息政策、专项基金扶持政策、银行损失补偿政策、风险准备金政策等。这些政策都是为降低放贷人承担的风险而设，目的是降低放贷人的机会成本。二是商业性担保机构、保险机构要积极参与，配合政府信用担保将知识产权质押融资风险分散。三是需要专业的无形资产评估机构的参与。知识产权作为一种无形财产，其价值具有极大的不确定性，但是其价值又与知识产权质押融资有着极大的关系，所以知识产权的价值评估是知识产权质押融资的一个关键环节。专业的价值评估对放贷人的放贷风险有很好的预测性，也就相当于降低了其放贷风险。

由于知识产权质押融资的风险高是主要制约原因，而风险成本又是机会成本的组成部分，因此降低知识产权质押融资中放贷人负担的机会成本是以降低放贷人的放贷风险为基本思路的。

2. 提升放贷人实现质权的保障

由于知识产权质押融资中的风险和收益的不对称性，其业务的开展并不顺利。因此在控制风险的同时，保障放贷人的收益也是增加知识产权质押融资动力的一种方法。因为我国法律规定，权利质权适用于动产质权的规定，因此根据动产质权实现的规定，在债权人的债权无法得到清偿时，质权人可以通过与出质人协议折价、拍卖或者变卖所得价款优先受偿等方式实现质权。知识产权质押融资中质权人实现质权，实际上也是通过以上方式。但是实践中，动产质权能够实现完全是因为一个庞大并且完善的动产交易市场的存在，但是，现阶段国内的知识产权交易市场相对狭小，知识产权交易市场远远不如动产交易市场那么完善而庞大，因此，知识产权质权的变现就成为难题。

第四章　知识产权质押模式辨析

知识产权作为一种重要的权利制度，能够为权利人带来一定期限的垄断权益，从而提升权利人的经济收益。从国家的角度来讲，知识产权制度的建立能够鼓励社会主体积极参与到技术创新、文学艺术作品创作、经营性活动的开展等活动中，从而促进科学技术的发展、文化的繁荣和经济的增长。知识产权制度的建立能够保障权利人的合法权益，助推社会经济发展，具有较强的正外部性作用。企业作为市场经济的重要主体，先进的科学技术是其抢占市场份额的重要基础。对知识产权进行质押，实现"知本"与"资本"的有效对接，获得更多的资金，可以减少企业进行技术创新和产品生产时的资金压力，帮助企业更好地发展。知识产权质押涉及国家法律、法规和政策、金融体系和产品、保险服务、知识产权评估等方面，是一项综合性、系统性的工程。我国在开展知识产权质押工作时，可以借鉴美国、日本等国家在这方面的经验，再结合国情，构建符合我国实际的知识产权质押模式，以更好地提升知识产权的利用效率。

第一节　美国的知识产权质押模式

美国是世界上知识产权拥有量较多的国家之一，知识经济的快速发展带来了巨大的经济效益。美国奉行的经济自由化政策，使市场在经济发展中发挥了重要的作用，知识产权与市场融资相结合的知识产权质押融资得以应运而生。美国知识产权质押的良好开展离不开法律制度的保障。《美国联邦统一商法典》《美国专利法》《美国商标法》等多部法律为知识产权质押提供了法律保障。《美国联邦统一商法典》第9编将知识产权纳入动产的范围，关于动产抵押的相关条款适用于知识产权质押。在美国知识产权法律体系中，可用作担保的知识产权范围广泛，除了传统的工业产权，还包括商业秘密、集成电路布图设计等其他类型的知识产权，且对其设定质押的方式没有限制。① 在美国，知识产权质押比较灵活，既可以将专利、商标、版权等知识产权单独进行质押，也可以将知识产权与其他物品一起进行抵押，这样可以为质押权人提供更多的选择，保障质押权人的合法权益。作为质押权人的金融机构，在知识产权质押开始之初，可以对知识产权的权属状态进行调查，对知识产权的价值进行评估，以确定是否进行质押。质押的双方当事人签订协议作为知识产权质押成立的基础，协议对知识产权的权属状态进行记载，对双方的权利义务进行明确。美国对知识产权质押采取登记对抗主义，不以登记作为质押的生效要件，登记可以确认质押协议是否符合《美国联邦统一商法典》《美国专利法》《美国商标法》的规定。

美国作为英美法系的国家之一，判例是其主要的法律渊源。已有的对知识产权质押案件的审理结果，对其他相同类型的案件的审理有指导作用。司法判例的出现，能够弥补成文法的滞后性，更好地为知识产权质押提供法律保障。在美国判例法中，早在 1975 年就已经有关于知识产权质押贷款纠纷解决的判例。在一起破产案件中，四星音乐公司将其全部音乐作品的版权一揽子质押给比宾之路银行。在获得贷款之后，四星公司未经比宾之路银行的同意，又擅自将已质押的版权全部转让给了第三方。其后，比宾之路银行在四星公司进入破产程序后，发现其享有优先受偿权的版权早已被转让给了第三方，遂向法院提起了诉讼。法院认为，四星公司这一版权转让并非是日常经营中一般合理的商事活动，而是属于未经质押权人认可的恶意转让。最终法院判决，比宾之路银行对于该版权的质押权优先于受让人的债权，比宾之路银行胜诉。②

一、美国小企业局担保模式

第二次世界大战期间，因战争的需要，美国中小企业有了较好的发展机遇。1942 年，美国设立"小军火工厂管理公司"，为生产战备物资的中小企业提供融资担保服务。朝鲜战争期间，美国设立"小型国防企业局"，为生产武器装备的小型国防企业提供订单、融资服务等。1953 年，美国成了小企业局（The U. S. Small Business Administration，简写 SBA），为小企业提供贷款

---

① 曾莉，王明：《美日科技型中小企业知识产权质押融资的经验及启示》，载于《中国注册会计师》2016 年第 10 期，第 101～105 页。

② 夏太寿，褚保金：《科技金融创新与发展》，东南大学出版社 2011 年版，第 226 页。

担保、管理咨询等服务，以帮助小企业的发展壮大。1958 年，美国正式明确小企业局为联邦永久性政府机构。美国早期的质押贷款更重视企业的经营状况、现金流量等，对知识产权的认识不足，这不利于知识产权质押的开展。为了化解这一困局，美国小企业局积极与金融机构进行联系，为中小企业的知识产权质押提供中介服务。美国小企业局不直接向企业提供贷款服务，而是提供担保服务，以增加企业的信用保证，从而帮助企业获得贷款。就知识产权质押而言，企业要向美国小企业局提出信用担保申请，由小企业局进行资料审查；企业通过审查后，小企业局向企业出具担保，由企业向银行进行质押贷款。对于企业的违约行为，小企业局会按照协议的要求，对知识产权予以处置，以偿还银行的贷款。在这一模式下，小企业局对企业的担保申请的审核比较重要，这就要对企业的经营状况、盈利状况、知识产权权属等进行详细的审查，以最大限度地减少知识产权质押的风险。小企业局为企业提供担保的同时，企业股东也要将个人的财产按一定比例予以担保，以减少政府承担的风险。银行通过加强对知识产权的评估，对需要进行质押的知识产权进行筛选；通过拟定质押协议加强对知识产权许可收益的控制，以降低银行的风险。通过企业、小企业局和银行三方的有效合作，能够将知识产权质押的风险降到最低。美国小企业局担保的模式，主要以市场为导向，为知识产权质押提供中介服务，鼓励企业和银行签订知识产权质押合同，发挥政府引导、激励市场经济的角色。

二、质押资产购买价格机制

随着科技创新活动的增多，美国知识产权的数量也在不断增加，知识产权为企业带来重要的竞争力，也成为资本市场的重要投资。2000 年，美国 M·CAM 公司建立了一种知识产权质押的新模式。M·CAM 是一家为企业和投资者进行与知识产权、无形资产有关的财务与资产评估、整合与担保投资项目咨询的全球性金融公司，针对知识产权信用担保质押融资，M·CAM 出台了一项专门性服务——质押资产购买价格机制（Collateral Asset Purchase Price，简写 CAPP）。① 在 CAPP 模式下，企业将作为担保的知识产权预售给 M·CAM 公司，由 M·CAM 公司让企业在质押中的信用增强，从而提升知识产权质押申请的成功率，也可降低银行在知识产权质押中的风险。M·CAM

①　刘雪凤，杜浩然，吴凡：《美国知识产权信用担保质押模式研究》，载于《中国科技论坛》，2016 年第 6 期，第 81～87 页。

公司对企业提供的知识产权进行严格的审查，以减少公司的风险，首先对知识产权进行严格评估，以确定是否具有担保价值；再次对申请人、知识产权的权属、企业经营状况等关键信息进行审查，了解申请人的相关信息，减少知识产权质押存在的风险，为担保决策提供依据；最后对知识产权的使用情况进行监控，了解知识产权的收益及贬值情况，做好相应的应对措施，以保障知识产权质押各方的权益。当企业发生违约行为，不能按时归还银行贷款时，可以按照预定的价格将知识产权卖给 M·CAM 公司。CAPP 模式整合了社会资金，对有投资价值的知识产权进行质押担保，促进了科学技术的转化，为企业的发展提供了资金帮助。

第二节　日本的知识产权质押模式

第二次世界大战后，日本开始重视科学技术的发展，确立了"引进与创新"的科技发展之路，以推动日本社会的发展和经济的繁荣。通过对外国先进技术的引起，日本享受到了先进科学技术对社会发展所带来的好处。进入 20 世纪 80 年代后，日本更加重视科学技术的原始创新，鼓励和支持本国企业、科研机构开展技术研发，制定了一系列支持自主创新的政策和计划：1981 年，日本制定《创造性科学技术推进制度》鼓励官、产、学开展技术创新互动；1986 年，制定的《科学技术政策大纲》明确了日本科学技术发展的七个重点领域。伴随着对科学技术活动的鼓励政策，产生了一大批科技创新成果，形成了丰富的知识产权。2002 年，日本制定了《知识产权法发展战略纲要》和《知识产权基本法》，进一步明确了保护知识产权，促进科学技术进步的重要性。知识产权质押作为提升知识产权使用率，帮助企业获得贷款的重要方式，能够促进技术创新活动的开展。1999 年，为适应新时期的历史任务、更好地发挥开发性金融机构功能，日本政府重组日本开发银行和北海道东北开发公库，成立日本政策投资银行（DBJ），总部设在东京。[1] DBJ 成立后，投融资活动集中在社区发展、环保和可持续发展、创造新科技和产业三个方面。[2] 日本政策投资银行作为日本政府出资的银行，其资金流向具有较强的政策引导性，承担着对经济发展予以保障、支持的任务。

---

[1]　国家开发银行政策研究室编著：《开发性金融热词》，人民日报出版社 2016 年版，第 249 页。
[2]　国家开发银行政策研究室编著：《开发性金融热词》，人民日报出版社 2016 年版，第 250 页。

对知识产权进行质押融资是日本政策投资银行重要业务之一，其经过二十多年的发展，取得了较好的成果，助推了日本社会和经济的发展。日本政策投资银行开展的知识产权质押主要是针对中小企业进行的。长期以来，银行需要对固定资产进行抵押才能贷款，而中小企业受制于资产少，缺乏固定资产，在银行贷款难度比较大，不利于其自身的发展。为了解决中小企业融资难的问题，日本政策投资银行推出了知识产权质押融资的业务，对拥有知识产权的中小企业提供质押贷款，帮助他们发展。在日本可以质押的知识产权包括：（1）发明专利、实用新型外观设计、商标的工业产权；（2）以文学艺术、音乐、电影、软件程序、数据库等为主的著作权；（3）半导体集成电路布图设计、植物新品种、商品包装形态；（4）以知识产权使用费作为质押融资；（5）通过知识产权单独质押来融资，不如将利用知识产权生产产品的制造系统全体或者将工厂（该产业相关资产的全部）作为知识产权质押融资的对象。① 以上知识产权要进行质押贷款，必须是已经获得法律确认，能够进行质押的知识产权。该知识产权具有流通性，能够在市场上自由流通，且经济价值能够通过评估予以确定。日本投资政策银行在开展知识产权质押时，也会通过严格的审核制度对知识产权进行审核和筛选，以降低银行的风险，审核主要通过对知识产权的事前审查、法律权属审查、价值评估、协议拟定、设定担保和事后监管等进行。日本政策投资银行作为日本知识产权质押开展的主要金融机构，积累了较丰富的经验，也在不断地完善和提升知识产权质押的实效。日本政策投资银行也会联合其他的金融机构开展知识产权质押，以降低自身的风险。

第三节　美国和日本知识产权质押模式带来的启示

随着科学技术的发展，越来越多的国家开始重视科技创新活动，将科技创新作为国家发展、社会进步的重要动力。文学和艺术作品的大量创作，带动了文化市场的繁荣和发展，丰富了国民的精神文化生活，增强了国家软实力。商标在商业贸易中的广泛运用，促进了市场经济的发展。知识产权通过设定权利，激励个人和企业进行创新活动，从而产生利益，促进社会发展。知识产权质押作为提高知识产权利用率，帮助企业解决贷款难问题的重要方式，在世界

---

① 李龙：《日本知识产权质押融资和评估》，载于《华东理工大学学报（社会科学版）》，2009 年第 4 期，第 79～85＋99 页。

各国得到广泛的运用。美国知识产权质押主要以市场为主导，充分发挥市场作用，引导金融机构开展知识产权质押工作。日本的知识产权质押主要以半市场化模式为主导，发挥政府机构服务企业的作用，为企业提供良好的质押服务。美国和日本知识产权质押的不同模式，给我们带来以下启发：

（一）重视知识产权的法律审查

知识产权是当今世界上重要的法律制度，法律赋予产权人在一定的期限内享有垄断性的权利，能够带来大量的经济利益，起到鼓励社会主体开展创新活动，促进社会、经济、文化发展的作用。知识产权质押的一个重要基础就是知识产权的合法有效，这是知识产权质押得以良好开展的前提条件。各国在知识产权立法上面有所不同，对知识产权的保护期限、范围、内容等都有不同的规定，需要参照各国法律的规定下，予以严格审查，从而为金融机构决策提供依据。只有认真核实知识产权的法律状态，才能保障各方主体的合法权益，减少质押风险。日本政策投资银行在进行知识产权质押时，就对知识产权的法律状态进行了严格审查，只有合法有效的、可以流通的知识产权才能进行质押。

（二）重视对知识产权的评估

对知识产权进行评估是知识产权质押的重要内容，能为金融构架确定贷款金额提供重要的参考。在知识产权质押中，对知识产权应进行两个方面的评估：一是该知识产权是否具有质押的价值。科学技术的发展日新月异，新技术的产生能够替代老技术，使原有的知识产权快速贬值。随着时间的推移，知识产权使用年限也会越来越短，发生贬值。可以看出，选择具有较强潜力的知识产权进行质押是金融机构防控风险的重要举措。在美国 CAPP 模式下，M·CAM公司会对知识产权是否具有质押价值进行审查，以尽量减少公司的风险。二是该知识产权的市场价值。知识产权属于无形资产，对其进行评估应充分考虑市场环境、预期收益、权利期限等因素，对各方面因素进行系统的分析，以求得其准确的市场价值。

（三）重视对申请人个人情况的审查

知识产权质押的申请人大多是其权利所有人，包括自然人和法人。在对自然人的审查中，应了解个人的资产状况、信用记录、负债等情况，对有信用污点和负债较多的人应做出审慎的处理。在对企业进行审查时，应重点了解企业的现金流量、资产设备、科研活动等情况，了解企业在违约的情况下是否能够偿还贷款。在美国小企业局的担保模式下，小企业局会对申请人的相关情况进行了解，以为金融机构是否进行知识产权质押提供参考。对申请人的审查，主要是帮助金融机构了解企业的基本状况，防控知识产权质押风险。

（四）加强对知识产权的跟踪监控

知识产权会出现贬值的情况，这是由知识产权的自身属性决定的。知识产权评估已经考虑到了正常贬值的情况，但是也会出现新的技术产生代替原有技术使质押的知识产权快速贬值的情况发生。发生知识产权的快速贬值情况时，可以在质押协议中签订条款予以补救。在质押协议中也可以约定，知识产权质押成立后，其收益可以用于提前还贷，以减少金融机构的风险。在美国和日本，知识产权质押中也会对知识产权采取跟踪监控措施，防控风险的发生，将知识产权的收益用于提前还贷。

（五）分担知识产权质押的风险

知识产权质押具有一定的风险，包括法律风险、变现风险、贬值风险等，这也是很多金融机构不愿意开展知识产权质押的主要原因之一。知识产权质押能够提高知识产权的使用率，为企业解决贷款难的问题，从而促进企业的更好发展。在知识产权质押中进行合理的分配风险，防控风险的发生就显得尤为重要。在美国和日本的知识产权质押中，通过用股东个人资产和知识产权进行组合贷款，金融机构联合进行知识产权质押，政府、企业和金融机构共同承担风险等模式来降低金融机构的质押风险，可将风险分担给其他主体，从而更好地激励金融机构参与到知识产权质押中。我国还通过采取保险、政策资金补助、贴息等措施来降低金融机构的风险，促进知识产权质押的有效开展。

（六）发挥政府的积极作用

知识产权质押具有较强的正外部性，但也具有一定风险，需要发挥政府的引导作用，制定相应措施引导金融机构开展知识产权质押。美国的知识产权质押主要以市场为主导，联邦政府将小企业局确定为联邦政府机构之一，由小企业局来具体制定措施引导知识产权质押工作的开展。日本政策投资银行由日本政府出资，其金融投资具有较强的政策性，体现出政府对知识产权质押的重视。在市场经济中，应以市场的自发调控为基础，对于市场不能调控或市场失灵的情况，政府应积极发挥作用，促进知识产权质押的开展。

（七）加强对知识产权质押融资金融产品的创新

知识产权质押是将科技成果与金融业务相结合的有益探索，具有较强的社会、经济效益。大型企业拥有较多的固定资产，在进行质押贷款时有资产进行抵押，融资相对于中小企业比较简单。中小企业固定资产少，质押融资难度较大。金融机构可以加强知识产权质押融资金融产品的创新力度，重点围绕中小企业知识产权质押进行，利用好已有的政策、措施、平台，整合各方面资源，创新金融产品，以更好地满足中小企业知识产权质押的需要。实践中，一些地区的科技管理部门与商业银行开展全面合作，在科技型中小企业贷款、节能减排、科技信用保险等方面不断创新金融产品和手段，运用风险准备金、买方信贷、金融租赁等形式搭建银企合作平台，有效拓展了企业融资渠道。[1]

第四节　我国知识产权质押模式

党的十九大报告指出："创新是引领发展的第一动力，是建设现代化经济体系的战略支撑""深化科技体制改革，建立以企业为主体、市场为导向、产学研深度融合的技术创新体系，加强对中小企业创新的支持，促进科技成果转化。倡导创新文化，强化知识产权创造、保护、运用"。创新是国家发展、民族振兴的重要动力，只有坚持走创新型国家建设的道路，不断提升国家、社会、企业和个人的创新能力，获得更多世界领先的科技成果，国家才能屹立于世界舞台的中央，企业才能在市场竞争中处于不败之地。加强对知识产权的保护和运用，是激励社会主体开展创新活动、维护创新主体合法权益、推动国家发展的重要措施。知识产权质押作为知识产权保护和运用的重要方式之一，有利于提高知识产权的利用率，帮助企业解决融资难问题，助推企业和社会发展。

一、我国知识产权质押的发展

1995年10月1日，《中华人民共和国担保法》（以下简称《担保法》）正式开始实施，加速了资金的流通，维护了债权人的合法权益，促进了社会经济发展。《担保法》第75条第3款规定了"依法可以转让的商标专用权，专利

---

[1]　刘春霖：《知识产权质押的现实和困境研究》，中国检察出版社2016年版，第37页。

权、著作权中的财产权"可以进行权利质押；第 79 条规定："以依法可以转让的商标专用权，专利权、著作权中的财产权出质的，出质人与质权人应当订立书面合同，并向其管理部门办理出质登记。质押合同自登记之日起生效"，对质押合同的成立条件及生效条件进行了说明。《担保法》的颁布实施，为知识产权质押奠定了法律基础。2007 年 10 月 1 日，《物权法》正式开始实施，第 223 条第 5 款规定"可以转让的注册商标专用权、专利权、著作权等知识产权中的财产权"可以进行质押，该款较《担保法》的规定增加了"等知识产权"的描述，将可以质押的知识产权范围进行了扩大。《民法总则》于 2017 年 10 月 1 日正式开始实施，第 123 条规定："知识产权是权利人依法就下列客体享有的专有的权利：（一）作品；（二）发明、实用新型、外观设计；（三）商标；（四）地理标志；（五）商业秘密；（六）集成电路布图设计；（七）植物新品种；（八）法律规定的其他客体。"该条采用列举的方式对知识产权的内容进行了明确。法律的不断完善为知识产权质押提供了依据，也为其他法规的制定提供了参考。1996 年 9 月 23 日，《著作权质押合同登记办法》开始实施，对著作权质押合同的登记程序、内容、效力等进行了规范；1996 年 10 月 1 日，《专利权质押合同登记管理暂行办法》开始实施，对专利权质押的程序性问题进行了规范；1997 年 5 月 6 日，国家工商管理总局制定规范性文件《商标专用权质押登记程序》对商标专用权质押登记的程序进行了规定。以上法律、部门规章及规范性文件构成了我国知识产权质押法律体系的主要内容，从实体和程序两方面对知识产权质押工作的开展进行了规范，保障了知识产权质押各方主体的权益。

1996 年，江苏红豆集团以"红豆"注册商标向中国农业银行无锡分行申请质押贷款，中国农业银行无锡分行向其发放了 2000 万元贷款，首开金融机构无形资产质押融资的先河。[①] 1999 年，山西省忻州市云中制药厂以其商标专用权向中国工商银行山西省忻州分行申请 200 万元质押贷款获得成功。忻州市云中制药厂是工行山西省分行认定的甲类客户。该厂注册商标"云中山"牌系类产品畅销上海、北京、新疆、安徽等二十多个省市及地区，年销售收入逾5000 万元，而且需求量不断增加。为了弄清商标专用权用于贷款质押的具体操作办法和相关手续，忻州分行先后咨询了市、地、省有关部门，经山西世信资产评估有限公司评估，"云中山"注册商标价值为 1387 万元，其在国家商标局登记最高质押额为 900 万元，从而为进一步开发新的质押领域，拓宽贷款担

---

① 刘春霖：《知识产权质押的现实和困境研究》，中国检察出版社 2016 年版，第 76 页。

保渠道奠定了基础。[1]

知识产权质押初创之后，进入了一个缓慢发展的状态，究其原因主要有以下几个方面：一是金融机构主要还是以固定资产抵押为主。银行习惯了对固定资产进行抵押，有一套较为成熟的抵押流程。固定资产能够实实在在地被金融机构看见，可以按照市场行情确定其价值，其贬值也容易计算，金融机构管理起来也容易。知识产权属于无形资产，其价值不容易被评估，贬值也不容易被评估。二是知识产权的评估和变现较难。知识产权评估是一个新领域，原有的对有形资产的评估方法，不能套用到知识产权上，需要建立一套行之有效的评估方法。知识产权交易市场的不健全，导致知识产权不能及时变现，一定程度上增加了金融机构的风险。三是缺乏实质性激励政策。在知识产权质押开始之初，政府、金融机构、评估机构等都处于一个探索的阶段，政府在制定政策时还处于摸索阶段，政策中具体、实质性的内容较缺乏。在知识产权质押开始之初，各地会有知识产权质押的业务开展，但多是零星的，没有形成较好的知识产权质押市场。据统计，截至 2006 年 9 月 4 日，经国家知识产权局进行专利质押登记的合同共计 295 件，涉及专利 628 项，质押总额近 50 亿元人民币。[2]

2006 年 2 月 7 日，国务院下发了《关于实施〈国家中长期科学和技术发展规划纲要（2006—2020 年）〉若干配套政策的通知》，通知要求："政府引导和激励社会资金建立中小企业信用担保机构，建立担保机构的资本金补充和多层次风险分担机制。探索创立多种担保方式，弥补中小企业担保抵押物不足的问题。政策性银行、商业银行和其他金融机构开展知识产权权利质押业务试点。"2006 年 4 月 19 日，财政部、国家知识产权局联合印发《关于加强知识产权资产评估管理工作若干问题的通知》，加强了对知识产权评估的管理，规范了评估行为。2006 年 9 月 26 日，全国知识产权质押融资工作研讨会在湖南省湘潭市召开，来自人民银行、国家知识产权局、世界银行、商业银行等单位的专家、学者、从业人员对知识产权的质押和融资问题进行了讨论，并就知识产权质押制度的建设和完善进行了交流。2008 年 6 月 5 日，国务院印发了《国家知识产权战略纲要》，将知识产权发展作为国家战略进行建设，体现了国家重视科学技术发展，希望通过知识产权制度推进国家经济、社会的发展的态度。2008 年 12 月，国家知识产权局正式启动了知识产权质押融资试点工作，首批 6 家单位作为试点单位开展知识产权质押融资试点工作。2009 年 9 月，

---

[1] 华东政法学院科研处编：《华东政法学院学术文集 2005》，浙江人民出版社 2006 年版，第 432 页。

[2] 刘春霖：《知识产权质押的现实和困境研究》，中国检察出版社 2016 年版，第 106 页。

又有 6 家单位作为第二批试点单位开展知识产权质押融资试点工作。在国家战略和政策的激励下，知识产权质押工作得到强有力的推动；实务部门也在开展研讨工作的基础上，总结知识产权质押经验，推广有效的措施；知识产权质押融资试点城市的建设更是助推知识产权质押工作的有效途径。2006 年 10 月 31 日，柯瑞生物制药公司以蛋白多糖生物活性物质发明专利权与交通银行北京分行签订质押合同，获得 150 万元的质押贷款。2007 年，南京道及天软件系统有限公司就以软件著作权成功从南京银行获得了全国首笔纯知识产权质押贷款，该企业无任何抵押物担保、完全用计算机软件著作权（经评估）进行质押。① 2007 年以来，知识产权质押融资发展速度明显加快。2007 年至今不到 3 年时间，质押金额达 160 亿元人民币，为 1995 年至 2006 年 11 年总额的 3.2 倍。②

随着国家对知识产权质押的重视日增，国务院及相关部委制定政策、措施来鼓励和引导知识产权质押工作的开展，知识产权质押的成效也越来越显著。在法律、法规的规范下，国务院及各部委的政策指引下，各地方结合自身发展实际，开展地方性立法工作，助推知识产权质押的发展。地方立法对知识产权质押进行规范主要从以下六个方面进行（见表 4-1）：

1. 鼓励和支持开展知识产权质押工作

2015 年 1 月 1 日起施行的《黑龙江省科学技术进步条例》第 30 条第 2 款规定：县级以上人民政府应当支持金融机构、相关中介服务机构合作建立知识产权质押融资平台，为其提供知识产权质押融资服务。绝大多数关于知识产权质押的地方立法都有鼓励和支持开展知识产权质押工作的描述，表明地方对知识产权质押工作的支持。

2. 建设知识产权质押融资平台

知识产权质押融资平台可以整合各方面的信息，帮助金融机构筛选出合适提供质押的知识产权，提高了企业质押融资的成功率。《湖南省科学技术进步条例》《广州市科技创新促进条例》《河北省促进科技成果转化条例》《浙江省科学技术进步条例》《抚顺市自主创新促进条例》等都对建设知识产权质押融资平台进行了相应的规定。

---

① 知识产权变"贷"记 南京银行不断探索新型担保方式。http://finance.sina.com.cn/roll/20100208/03297383504.shtml.

② 国家知识产权局办公室编：《中华人民共和国知识产权局公报（2009 年第 4 期）》，知识产权出版社 2010 年版，第 10 页。

3. 知识产权质押风险补偿

《河北省促进科技成果转化条例》《广州市科技创新促进条例》《江西省科技创新促进条例》都对建立知识产权质押风险补偿进行了规定，以减少金融机构、企业的风险压力，提升各方主体的积极性。

4. 知识产权质押贴息补助

《武汉市促进知识产权工作若干规定》第 6 条规定：市、区人民政府设立知识产权质押贴息专项资金，按照有关规定对符合条件的企业在进行知识产权质押贷款时给予贴息补助。该条明确了政府对进行知识产权质押的企业进行贴息的义务，减少企业的负担。

5. 知识产权质押担保

《山东省知识产权促进条例》《南京市紫金科技人才创业特别社区条例》《湖北省自主创新促进条例》对开展知识产权质押担保工作进行了规定，以减少金融机构的质押风险，促进知识产权质押工作的更好开展。

6. 知识产权专项资金

《广州市科技创新促进条例》第 38 条规定：本市设立知识产权专项资金，用于引导企业加大知识产权投入，促进重点产业和核心技术发明专利等自主知识产权的创造、运用，资助企业、高等学校、科研机构和科技人才申请国内、国外专利，实施知识产权试点示范工程，支持企业开展知识产权质押融资，资助企业、高等学校、科研机构开展专利实施许可方面的国际合作，奖励知识产权创造、运用、保护和管理过程中做出突出贡献的单位和个人。该市设置知识产权专项资金支持知识产权质押融资，帮助企业发展。

表 4-1　支持知识产权质押的地方立法

序号	所在省份	名称	发布机关	实施时间	具体内容
1	河北	《河北省促进科技成果转化条例》	河北省人民代表大会常务委员会	2016年12月1日	第28条：县级以上人民政府应当加强对促进科技成果转化工作的财政支持力度，将该项工作所需经费纳入财政预算。 促进科技成果转化的财政性资金主要用于科技成果转化的引导资金、贷款贴息、补助资金、风险投资和其他促进科技成果转化的支出。 第31条：县级以上人民政府及其有关部门应当鼓励金融机构为实施科技成果转化的企业或者其他组织提供知识产权质押贷款、股权质押贷款、高新技术产品订单贷款和股东担保贷款，并支持、协助实施科技成果转化的企业或者其他组织办理融资租赁、资产重组、收购兼并及多层次资本市场上市挂牌融资等事项。 鼓励商业银行设立科技分（支）行，为科技型中小企业发展提供信贷等金融服务。 第34条：省和具备条件的设区的市、县（市、区）人民政府建立科技成果转化项目投资风险的财政有限补偿制度，对金融机构、保险机构、小额贷款公司和担保机构开展科技成果转化过程中符合条件的知识产权质押贷款、信用贷款、信用保险、担保等业务所发生的亏损予以适当补偿。

续表

序号	所在省份	名称	发布机关	实施时间	具体内容
2	广东	《广州市科技创新促进条例（2015年修正本）》	广州市人民代表大会常务委员会	2015年12月23日	第31条：市、区人民政府应当支持商业银行设立为科技企业服务的分支机构开展下列科技金融服务： （一）知识产权质押贷款、股权质押贷款； （二）高新技术产品订单贷款、股东担保贷款、信用保险贸易融资等金融产品； （三）科技企业发行中短期票据、融资租赁、资产重组和收购兼并及在境内外上市。 市科技行政主管部门应当会同市金融工作部门与金融机构建立科技创新政策及信息沟通机制，定期发布科技企业及高新技术项目情况，鼓励、引导金融机构开发适应科技企业需求的金融产品和金融服务。 市人民政府应当充分发挥现有政策性担保资金的作用，扶持担保机构为企业的科技创新活动提供担保。 第32条：市、区知识产权等行政管理部门应当会同金融机构、科技创新服务机构建设知识产权质押融资服务平台，为企业知识产权质押融资提供知识产权展示、评估、咨询、交易和融资推荐等服务。 第33条：市、区人民政府应当建立科技投资风险财政有限补偿制度，设立的金融业发展专项资金应当对商业银行及其科技服务分支机构、保险机构、小额贷款公司和担保机构开展对科技企业的知识产权质押贷款、信用贷款、信用保险、担保等业务所发生的亏损给予一定比例补偿。 第38条：本市设立知识产权专项资金，用于引导企业加大知识产权投入，促进重点产业和核心技术发明专利等自主知识产权的创造、运用，资助企业、高等学校、科研机构和科技人才申请国内、国外专利，实施知识产权试点示范工程，支持企业开展知识产权质押融资，资助企业、高等学校、科研机构开展专利实施许可方面的国际合作，奖励知识产权创造、运用、保护和管理过程中做出突出贡献的单位和个人。

序号	所在省份	名称	发布机关	实施时间	具体内容
3	浙江	《浙江省科学技术进步条例（2011年修正本)》	浙江省人民代表大会常务委员会	2011年9月1日	第43条：科学技术、财政等部门应当根据国家有关规定安排专项资金，支持科技型中小企业融资服务平台建设，为科技型中小企业提供贷款贴息、担保等，为金融机构提供风险补偿。 支持知识产权质押融资服务平台建设，为企业知识产权质押融资提供知识产权展示、登记、评估、咨询等服务。 支持未上市公司股份转让平台建设，为科技型中小企业股权转让提供服务。
4	福建	《福建省促进科技成果转化条例》	福建省人民代表大会常务委员会	2018年1月1日	第34条：县级以上地方人民政府可以通过风险补偿、贷款贴息等方式，鼓励和支持银行和小额贷款公司等金融机构开展知识产权质押贷款等金融业务，为科技成果转化提供金融支持。 鼓励和支持保险机构开发符合科技成果转化特点的保险品种，为科技成果转化提供保险服务。 支持企业通过多层次资本市场直接融资，通过股权交易、发行股票和债券等直接融资方式为科技成果转化项目进行融资。
5	陕西	《陕西省科学技术进步条例》	陕西省人民代表大会常务委员会	2012年9月1日	第48条：省人民政府建立促进技术和资本相结合的对接融合机制，支持商业银行、担保机构、保险机构和小额贷款机构面向高新技术企业和科技型中小企业开展知识产权质押、信用贷款、信用保险、贸易融资、产业链融资等融资服务，支持发展科技投资机构，建立风险投资补偿机制，引导风险投资机构投资科技型企业。 鼓励符合条件的高新技术企业、科技型中小企业利用资本市场融资，支持企业上市、发行债券。

续表

序号	所在省份	名称	发布机关	实施时间	具体内容
6	江西	《江西省科技创新促进条例》	江西省人民代表大会常务委员会	2013年11月1日	第44条：省人民政府建立促进技术和资本相结合的对接融合机制，引导商业银行、担保机构、保险机构、创业投资服务机构和小额贷款机构面向高新技术企业和科技型中小企业开展知识产权质押、信用贷款、信用保险、贸易融资、产业链融资等融资服务，支持发展科技投资机构，建立风险投资补偿机制，引导风险投资机构投资科技型企业。 鼓励符合条件的高新技术企业、科技型中小企业利用资本市场融资，支持企业上市、发行债券。
7	北京	《中关村国家自主创新示范区条例》	北京市人民代表大会常务委员会	2010年12月23日	第44条：支持商业银行、担保机构、保险机构和小额贷款机构开展针对示范区内企业的知识产权质押、信用贷款等业务。 支持商业银行在示范区内设立专营机构，创新金融产品和服务方式，创新考核奖励、风险管理、授信、贷款审批和发放等机制，为企业融资服务。 支持企业和其他组织在示范区内设立为科技型企业服务的小额贷款机构和担保机构。 本市建立贷款风险补偿机制，为商业银行、担保机构、保险机构和小额贷款机构开展针对示范区内企业的知识产权质押、信用贷款、信用保险、贸易融资、产业链融资等提供风险补偿。
8	山东	《山东省知识产权促进条例》	山东省人民代表大会常务委员会	2010年7月1日	第15条：鼓励和引导金融机构开展知识产权权利质押贷款业务，加大对自主知识产权项目的信贷支持；鼓励和引导担保机构开展对自主知识产权项目的贷款担保服务。

序号	所在省份	名称	发布机关	实施时间	具体内容
9	湖北	《湖北省自主创新促进条例》	湖北省人民代表大会常务委员会	2016年10月1日	第34条：县级以上人民政府应当支持符合条件的民营资本投资银行业金融机构，推进有利于民营银行发展的金融基础设施建设，为中小微企业和个人创新创业提供有针对性的金融服务。鼓励县级以上人民政府建立中小微企业融资风险担保补偿机制，设立专项资金，为金融机构开展针对中小微企业的信用贷款、信用保险、股权质押、知识产权质押、创业投资等业务提供风险担保补偿。
10	辽宁	《抚顺市自主创新促进条例》	抚顺市人民代表大会常务委员会	2016年10月1日	第29条：建立促进科技与金融结合的扶持机制，通过引导、激励、风险分担等方式鼓励金融资源向科技创新领域聚集，支持金融机构开发适应科技企业需求的金融产品和金融服务。建立知识产权质押融资平台，为知识产权质押融资提供知识产权登记、评估、咨询和融资推荐等服务。
11	吉林	《吉林省专利条例》	吉林省人民代表大会常务委员会	2018年1月1日	第15条：单位和个人从事发明创造、专利权转让、专利权质押、专利实施、专利许可和与之相关的专利咨询、专利服务等取得的收入，依法享受税收优惠。第16条：鼓励金融机构开展专利权质押贷款等业务为专利实施提供信贷支持，鼓励保险公司开发专利保险产品。
12	贵州	《贵州省促进科技成果转化条例》	贵州省人民代表大会常务委员会	2018年1月1日	第31条：鼓励设立科技成果转化基金，用于科技成果转化。鼓励金融机构加大对科技成果转化的贷款力度，优先安排重大科技成果转化的贷款项目，开展知识产权质押贷款、股权质押贷款等业务，为科技成果转化提供金融支持。鼓励保险机构为科技成果转化提供保险服务。鼓励和支持企业通过股权交易、依法发行股票和债券等方式为科技成果转化融资。

地方对知识产权质押的立法，有力地促进了知识产权质押的发展。2017年专利质押融资总额 720 亿元，同比增长 65％；专利质押项目数 4177 项，同比增长 60％。[①] 2017 年全年，我国专利、商标、著作权质押融资总额超过1000 亿元。[②]

二、知识产权质押的北京模式——市场主导

北京是我国的首都，是国际化的大都市，也是我国政治、经济、文化和科技创新的中心，拥有一大批科研机构、高等院校、世界 500 强企业，科技创新能力强。国家知识产权局专利管理司和知识产权发展研究中心联合发布的《2017 年全国专利实力状况报告》显示，北京在全国专利综合实力排行中居于第二名的位置，显现出较强的创新能力。北京作为重要的金融城市，拥有较强的金融资本实力，作为表现为一定期限垄断性权利的知识产权也成为金融资本追逐的对象。北京也为科技成果与金融资金的有机结合制定了政策措施、完善了服务体系，促进了知识产权质押的发展。经过长期的发展，北京形成了自己的知识产权质押模式，助推了企业发展和金融机构业务的拓展。

2006 年 8 月 16 日，由北京市知识产权局发起的首都知识产权"百千对接工程"项目正式启动。[③] 百千对接工程通过政府为专利代理机构和企业搭建合作平台，解决了知识产权质押中信息不对称的问题，让专利代理机构为企业提供更好的知识产权服务。2007 年 4 月，北京市知识产权局与交通银行北京分行签订《首都知识产权"百千对接工程"——知识产权质押融资战略合作框架协议》，协议约定：由交通银行北京分行提供 20 亿资金，为中小企业拥有的专利权、商标权等知识产权提供质押贷款。交通银行北京分行推出了一款叫"展业通"的知识产权质押融资产品，用于满足企业知识产权质押融资的需要。"展业通"主要是为拥有发明专利、实用新型专利、商标专用权的中小企业提供质押贷款；并对贷款用途进行了限定，只能作为企业生产中的正常资金使用，不得挪作他用；最高贷款额度为 1000 万，贷款期限为 1～3 年。在协议的

---

① 人民网："2017 年全国实现专利质押融资总额 720 亿元"，http：//ip. people. com. cn/n1/2018/0205/c179663—29805914. html.

② 搜狐财经："2017 年全年，我国专利、商标、版权质押融资总额超过 1000 亿元"，http：//www. sohu. com/a/257136847＿100239061.

③ 人民网："知识产权质押融资 政府扮演什么角色？"，http：//ip. people. com. cn/GB/9014854. html.

指导下，大兴区知识产权局首先对申请知识产权质押企业的资信情况和经营情况进行把关，再由评估机构和法律服务机构进行知识产权价值和法律权属审核，最后由金融机构进行最后决定。2008年底，北京市海淀区被国家知识产权局确定为全国首批知识产权质押试点单位。《海淀区知识产权质押贷款贴息管理办法》（以下简称《办法》）于2009年3月23日被修订，对知识产权质押中享受贴息的范围和方式、项目申报和管理等内容进行了规定。《办法》第3条指出贴息资金从科委部门预算中列支，每年不超过1000万元。第6条明确指出享受贴息的企业是"海淀区注册的中小型高新技术企业及创新企业"。

2009年5月6日，北京银行与北京市知识产权局签署《全面战略合作暨推动知识产权质押融资协议》，协议约定北京银行在未来3年提供50亿元的知识产权质押融资授信额度。2010年8月30日，《关于加快推进中关村国家自主创新示范区知识产权质押贷款工作的意见》发布，意见第3点明确了"中关村知识产权质押贷款工作的实施原则是：政府引导、市场运作；财政扶持、风险分担；信用激励、组合推动；资源聚集、风险补偿。"2012年8月3日，国家发展改革委、科技部、财政部、人民银行、税务总局、银监会、证监会、保监会、外汇局、北京市人民政府联合发布了《关于中关村国家自主创新示范区建设国家科技金融创新中心的意见》，确立了"坚持政策引领，服务国家战略，强化部市联动工作机制；坚持市场导向，创新体制机制，强化市场配置金融资源的基础性作用；坚持需求带动，加强资源整合，强化金融服务的系统创新；坚持先行先试，深化改革开放，加快创新政策的试点步伐；坚持产融结合，促进良性互动，实现科技产业与金融产业的共赢发展"的原则。

从以上可以看出，在知识产权质押的北京模式中，政府、企业、金融机构、评估机构、律师事务所等单位共同参与的知识产权质押中，政府部门的主要任务是为企业和金融机构提供知识产权服务，包括搭建平台、制定政策、完善知识产权评估和法律服务机制，引导金融机构开展知识产权质押，其不直接参与到企业和金融机构的知识产权质押个案中。知识产权质押充分发挥市场机制，由金融机构对企业申报的知识产权质押项目进行选择，并最终决定是否进行知识产权质押贷款。交通银行北京分行和北京银行积极主动参与到知识产权质押中，与政府签订协议，为企业进行知识产权质押提供贷款。同时，政府、评估机构和律师事务所为知识产权质押提供相应服务，以减少金融机构的质押风险，帮助中小型科技企业发展。

三、知识产权质押的上海浦东模式——政府主导

上海作为国际大都市，在科技创新方面拥有自己独特的优势，拥有众多的科技型企业、研发中心、国家级实验室等单位，为科技创新提供了强有力的人才支撑。同时，上海是我国重要的金融中心之一，拥有较强的金融资本实力，能够为科技创新提供有力的资金支持。上海市政府重视科技创新活动的开展，建立了一批创新服务平台，以满足科技创新活动的需要。知识产权质押作为科技成果与金融资本的有效结合方式，提升了知识产权利用率，解决企业资金困难的问题，具有较强的正外部性作用。上海市结合自身特点，发挥政府的职能作用，充分利用金融资源优势，形成了知识产权质押的上海模式，助推了经济、社会和科技的发展。

2009 年 7 月 22 日，上海市知识产权局、金融服务办公室、财政局等七家单位联合发布了《关于本市促进知识产权质押融资工作实施意见的通知》（以下简称《通知》）。《通知》从建立市促进知识产权质押融资工作联席会议、完善知识产权质押融资服务平台、开展知识产权资产评估工作、创新知识产权质押融资方式、培育知识产权质押物流转市场体系、形成知识产权质押融资风险多方分担机制、健全知识产权质押融资保障机制、实施知识产权质押融资试点八个方面对加快知识产权质押融资工作进行了要求。促进知识产权质押融资工作联席会议的建立强化了成员单位之间的沟通、协调和合作，对全市知识产权质押融资工作起到了指导、推进和协调的作用。按照《通知》的要求，上海市财政局、金融服务办公室和知识产权局于 2010 年 7 月 5 日联合印发了《上海市知识产权质押评估实施办法（试行）》和《上海市知识产权质押评估技术规范（试行）》两个规范性文件，以指导知识产权评估工作的开展，为知识产权质押提供了可靠的评估数据。在联席会的指导下，上海市建设了知识产权质押融资服务平台，为知识产权质押提供相应服务。

浦东新区作为上海市重要的金融、科技和经济发展高地，重视科技创新和金融发展，成立了浦东生产力促进中心，为科技型企业提供知识产权质押担保。为引导金融资本服务于知识产权，解决企业的资金缺口问题，帮助企业更好地进行科技创新和科技成果转化，浦东新区制定了《浦东新区科技发展基金知识产权质押融资专项资金操作细则》（以下简称《细则》）。《细则》的制定为知识产权质押工作开展提供依据，进一步明确了知识产权质押的操作流程。《细则》规定：浦东新区每年按照 2000 万专项资金存入浦东生产力促进中心的

专户，银行按照 2～2.5 倍放大知识产权质押融资贷款规模；生产力促进中心对申请进行知识产权质押的企业进行审查，看企业是否符合申请条件，是否具有还款能力，并对知识产权价值进行评估；生产力促进中心对审查通过的企业向银行提供不超过知识产权价值 80％ 的担保；企业和业主和生产力促进中心签订协议，以该知识产权和业主信用为内容提供单笔 200 万元以下的反担保。

作为由政府出资的担保专项资金和由政府设置的生产力促进中心在上海浦东模式的知识产权质押中发挥了主要作用，其承担了出资、审核、评估、担保、反担保等工作，为金融机构分担了风险，也为企业提供了良好的服务。浦东新区政府每年出资 2000 万元，银行相应的配套 2～2.5 倍的知识产权质押贷款金额，从而放大了政府资金的效果。生产力促进中心对企业申请的知识产权进行审核和评估，并由其向银行提供担保，将自己置于担保合同中，帮助银行减少质押风险，更好地促进了知识产权质押融资工作的开展。将企业的知识产权和业主的信用纳入反担保范围，能够督促企业和业主运用好质押资金，帮助企业成长发展，也有利于降低生产力促进中心的风险。可以看出，政府在上海浦东模式中占主导作用，对知识产权质押的开展起到关键作用。

四、知识产权质押的武汉模式——混合模式

武汉地处我国华中地区腹地，长江与京广铁路交汇，是内陆重要的水陆空交通枢纽。良好的交通条件和区位优势带动了各项产业的发展，使武汉成为华中地区的经济中心。武汉市内有武汉大学、华中科技大学、华中农业大学、中国地质大学、武汉理工大学等 88 所高校，有武汉光电国家实验室、煤燃烧国家重点实验室、激光技术国家重点实验室等一批国家级实验室，有中国科学院测量与地球物理研究所、中国科学院武汉物理与数学研究所、中国科学院武汉病毒研究所等一批科研单位，拥有较强的科技创新实力。雄厚的科技创新实力带来了丰厚的科技创新成果：2017 年，武汉市专利申请总量达 49726 件，同比增长 10.93％。其中，发明专利申请 23243 件，同比增长 12.60％，专利授权总量达 25528 件，同比增长 11.15％。[①] 武汉市也在积极探索知识产权与金融相结合的知识产权质押融资道路，以提升知识产权的使用率，帮助企业解决融资难的问题。

---

① 湖北网台："武汉市 2017 年专利申请总量近 5 万件"，http：//news.hbtv.com.cn/hbxw/p/1316487.html.

2008 年，武汉市知识产权局与市财政局联合出台《武汉市知识产权质押贷款贴息管理暂行办法》（下称《办法》）。根据《办法》规定，凡在武汉市办理工商、税务登记的中小企业，通过专利权质押方式获取的商业银行贷款，在按期正常还本付息后都可向武汉市知识产权局申请专利权贷款贴息，经过审批后，企业获得的最高贴息金额可达 20 万元，最高贴息比例可达 30％。[①] 2010 年 2 月 1 日起施行的《武汉市促进知识产权工作若干规定》第 6 条规定：市、区人民政府设立知识产权质押贴息专项资金，按照有关规定对符合条件的企业在进行知识产权质押贷款时给予贴息补助。知识产权质押贴息的作用主要有两个方面：一是引导企业进行知识产权质押，鼓励企业按照质押合同的约定履行义务，营造良好的质押氛围。二是可以有效减少中小企业的成本，帮助他们将知识产权更快地进行市场化运用和开展技术创新活动，有利于中小企业的发展。

2017 年 11 月 27 日，中国人民银行武汉分行、保监会湖北监管局、武汉市科技局、武汉市财政局联合印发了《武汉市专利权质押贷款操作办法》（以下简称《办法》）。《办法》从贷款条件，贷款额度、利率、期限和还款方式，保险金额、保险费率，贷款业务流程，贷款管理及风险控制，保险赔付、风险补偿及追偿，政策支持，惩罚措施共八个方面对武汉市专利质押的"专利权质押贷款＋保险保障＋财政风险补偿"模式进行了规定。在贷款条件中，其从正反两个方面对专利权质押贷款进行了规定，强调对共同所有的专利权进行质押时，应提供其他权利人同意质押的书面文件；要求进行质押的专利权应是处于实质性的实施阶段，能够获得较好效益。《办法》规定了最高贷款额不超过 1000 万元，贷款利率上浮不超过同期基准利率的 40％，贷款期限不超过 36 个月。规定了知识产权质押保险的费率不高于贷款本息的 2.6％；如果出现质押风险，质押人不能按时还款时，保险公司承担质押贷款本息 50％的损失。在贷款管理和风险控制中，《办法》确立了经办银行、保险公司共同对借款人进行管理和跟踪的模式：银行对借款人的财务状况进行日常监督；银行和保险公司对专利权的市场价值进行关注，加强对专利权质押风险的预防和控制；当企业不能按时还款出现逾期时，保险公司、银行、市科技局按照 5：2：3 的比例承担专利权质押风险。在保险赔付、风险补偿及追偿中，《办法》分别对保险赔偿、风险补偿及追偿的办理程序进行了明确，有利于相关工作的实际开展；

---

① 长沙知识产权局："武汉：质押融资有声有色"，http://csipo.changsha.gov.cn/zxzx/hydt/zldt/201306/t20130620＿463063.htm.

当银行的专利权质押逾期率达到 10％，保险公司的赔付率达到 150％时应暂停专利权质押工作开展，分别降至 7％和 100％后方可再恢复专利权质押业务；《办法》进一步明确了保险公司、银行在专利权质押中承担责任的情形。《办法》还对企业贴息、银行贴现、保险公司三方面予以了政策支持。

从《武汉市专利权质押贷款操作办法》可以看出，武汉市通过发挥银行和保险机构两个市场主体的作用，选择具有较强经济效益和社会效益的专利权进行质押。在专利权质押后，银行和保险机构可以加强对质押专利权的监管，并承担一定范围内的风险，这有利于减少银行和保险公司的风险。经办保险公司、经办银行和市科技局对发生的不良贷款按照 5：2：3 的比例进行分配，由此构建起了银行、保险机构和市科技局三方分担质押风险的机制。银行和保险机构通过市场机制对需要质押的专利权进行选择，是盘活整个专利权质押市场的基础。政府通过政策支持、风险承担等措施，激励银行和保险公司开展专利权质押业务，为企业解决资金困难提供帮助。银行、保险机构和政府三方在市场机制和政府支持两个方面共同构建的专利权质押模式，既可以减少银行和保险机构的风险，又可以帮助企业获得贷款，促进企业的发展。

第五章　提升知识产权质押实效的法制困境

第一节　知识产权质押的法制供给现状

一、知识产权质押的法制供给现状概述

第一，从国家立法层面来看。伴随着改革开放后社会经济的快速发展，作为民事法律规范中担保制度的内容之一，知识产权质押制度从 1995 年《担保法》的出台正式进入社会实践的历史。1996—1997 年，国家相关部门先后发布了《商标专用权质押登记程序》《专利权质押合同登记管理暂行办法》和《著作权质押合同登记办法》等知识产权质押的配套程序性规定，我国知识产权质押法律体系已初具规模。至 2007 年我国《物权法》实施，理论上扩大了可质押的知识产权范围，随后上述各部门先后更新了前述知识产权质押的程序规范，诞生了现行有效的《注册商标专用权质权登记程序规定》（2009 年）《专利权质押登记办法》（2010 年）《著作权质权登记办法》（2010 年），从国家立法层面完善了我国知识产权质押法律体系。此外，《商标法》《专利法》及《著作权法》等知识产权法中的基础性规定，涉及可转让的知识产权范围、具有财产属性的知识产权范围等，也是关于知识产权质押重要的法律依据。

第二，从国家部门和地方政府及相关部门的政策来看。一方面，国务院、国家知识产权局、科学技术部、财政部、银监会等多个部门先后发布了《国家知识产权局关于加强地方专利管理工作的若干意见》（2001 年）《关于进一步加大对科技型中小企业信贷支持的指导意见》（2009 年）《关于进一步做好中小企业金融服务工作的若干意见》（2010 年）《关于加强战略性新兴产业知识产权工作的若干意见》（2012 年）《关于商业银行知识产权质押贷款业务的指导意见》（2013 年）等部门规范性文件，为落实促进和鼓励知识产权质押融资

构建了多元化、立体化的知识产权质押融资政策体系。另一方面，北京、上海、深圳、江苏等地因地制宜，先后制定并出台了知识产权质押的地方性法规，引导和培育知识产权质押市场的发展。例如，北京市于 2005 年出台并于 2013 年修订的《北京市专利保护和促进条例》。特别是 2008 年以后，国家知识产权局在全国多地区开展知识产权质押融资试点工作以来，多地政府及金融机构纷纷因地制宜制定并出台了鼓励和促进知识产权质押的规范文件，如江苏省 2009 年出台了《江苏省专利促进条例》、厦门市 2009 年出台了《厦门市专利权质押贷款工作指导意见》、深圳市 2012 年出台了《深圳市促进知识产权质押融资措施》、首都北京市 2015 年出台了《进一步推动首都知识产权金融服务工作的意见》等，进一步充实了我国知识产权质押融资的立法层次和内容。

二、知识产权质押的立法现状

（一）立法体系

从我国知识产权质押制度的外部立法体例来看，其规定分散在我国《担保法》《物权法》和《专利法》《著作权法》《商标法》和《注册商标专用权质权登记程序规定》《著作权质权登记办法》《专利权质押登记办法》等部门规章之中，可分为一般规定、辅助性规定和程序法规定三个部分。①一般规定部分。在我国《担保法》中，关于知识产权质押的规范集中在其第四章"质押"的第二节"权利质押"之中，内容涵盖可质押的知识产权类型及范围、知识产权质权的设定以及知识产权质权的效力，此外还有适用动产质权的准用性规定，共计 4 个条文。在我国《物权法》中，关于知识产权质押的规定集中在其第十七章"质权"的第二节"权利质权"之中，内容除了重复我国《担保法》中关于可作为质押标的的知识产权种类及范围、知识产权质权的设定和动产质权的准用性规定外，仅新增了出质人处分知识产权的限制一项内容，共计 3 个条文。②辅助性规定部分。在我国《专利法》法中，对可转让且具有财产权性质的专利权的规定分散在第一章"总则"、第三章"专利的申请"、第五章"专利权的期限、终止和无效"之中。在我国《著作权法》中，对可转让且具有财产权性质的著作权的规定分散在第一章"总则"、第二章"著作权"、第三章"著作权许可使用和转让合同"之中。在我国《商标法》中，对可转让且具有财产权性质的商标权的规定分散在第四章"注册商标的变更、转让、续展"之中。③程序法规定部分。《注册商标专用权质权登记程序规定》（合计 17 个条文和 5 个附件)、《著作权质权登记办法》(合计 25 个条文)、《专利权质押登记办法》(合计 22 个条文)三个部门规章分别对设立注册商标质权、著作权质权及专利权质押的程序进行了规定。

从我国知识产权质押的立法体例来看,其内容包括注册商标专用权质权、著作权质权和专利权质押三种类型。从知识产权质押制度的一般规定看,其内容包括可质押的知识产权类型及范围、知识产权质权的设定、知识产权质权的效力以及知识产权质押权的实现等规定。从知识产权质押制度的辅助性规定看,其内容包括对知识产权的分类(是否具有可转让性和财产权性等)、确权(专利的申请与审批、商标专用权的核准、驰名商标的确认等)、保护(专利权、著作权、商标专用权的保护方式和期限等)等内容。从知识产权质押制度的程序规定看,其内容包括设立注册商标专用权质权、著作权质权和专利权质押的设立(包括申请主体、权利设立合同)、登记(登记程序、提交材料明细、受理或不受理的条件、登记或不予登记的条件、撤回登记、撤销登记等)、登记证书(登记证书的内容、补发或换发)、变更(主要信息变更登记、质权延期登记)和注销登记、效力等。具体内容详见下文。

(二) 立法内容

1. 知识产权质押的主体

由我国《担保法》和我国《物权法》的规定可知,知识产权质押的主体包括出质人与质(押)权人。①知识产权的出质人。知识产权的出质人是指可出质知识产权的所有人或拥有可出质知识产权的财产权的自然人、法人或其他组织。根据我国现行法律规定,知识产权的出质人包括注册商标专用权人、著作权相关的财产权利人和专利权人或共有权利人。根据我国《物权法》的规定①,出质人可以是债务人,亦可以是有权处分该项可质押的知识产权的第三人。需要特别说明的是,以著作权作为质押标的设定的质权,可分为两类:一是由著作权人以其本身享有的著作权中的财产权部分设定的质权,二是著作权中财产权的使用权人以其拥有的著作使用权设立的质权。就出质人的类型而言,上述种类权利人可以是自然人,也可以是法人或其他组织。就知识产权的出质人的国籍而言,既可以是我国的公民、法人或其他组织,也可以是外国公民、外国企业或者外国其他组织。②知识产权的质(押)权人。当知识产权出质人到期未履行债务时,知识产权的质(押)权人可依法以该知识产权进行折

① 参见我国《物权法》第 223 条。

价处理或者以拍卖、变卖的方式对该知识产权的款项获得优先清偿。通常来说，知识产权的质（押）权人是知识产权的出质人的债权人，在实践中，通常各种金融机构是知识产权的质（押）权人。

2. 知识产权质押的标的

（1）知识产权质押标的之属性。

根据我国《担保法》和《物权法》对于知识产权质押的规定可知，可质押的知识产权应具有特定性、可转让性和财产性的属性。

第一，特定性。知识产权质押标的必须准确无误地记载到质押合同之中，因此作为可质押的知识产权，必须要有特定性。而该类特定性，与通常的物又有所不同。对可质押的专利权而言，其特定性要求明确该专利的名称、专利证书及编号、专利权人的姓名、专利权的期限等具体内容。对可质押的著作权而言，其特定性则要求明确可质押的具体权利，如复制权、发行权等中一项权利或多项权利，以及该权利的权利人（共有权人）、保护期限等内容。对可质押的注册商标专用权而言，其特定性则要求明确该注册商标的注册证、权利人姓名、该注册商标使用的商品种类或服务类别等内容。

第二，可转让性。知识产权质押的作用在于督促债务人积极按约定履行其义务，否则质权人可以对出质的知识产权，通过变卖处理、拍卖或折价等方式来实现其债务优先被清偿的权利，从而保障知识产权质权人的权益。从本质上而言，知识产权是一种"私权"。而其私权的属性决定了权利人可对其进行自由地处分，这也是知识产权作为质押标的可转让性的前提。但并不是所有的知识产权均可转让。因此，具有"可转让性"的知识产权才具有可质性，才能实现知识产权质押的功能和作用，而那些不具有"可转让性"的知识产权，例如著作权中的人身权、署名权、集体商标权等，当然被排除于可质押的知识产权范围之外。但除了因权利本身性质不能转让的知识产权，还有当事人（共有权人）约定不能让与的权利、依照法律规定不能或被禁止转让的知识产权，不能成为质押标的物。例如我国《物权法》规定："知识产权中的财产权出质后，出质人不得转让或者许可他人使用，但经出质人与质权人协商同意的除外。"①

第三，财产性。亦可称之为价值的货币可估价性。知识产权在形成过程中凝聚着大量的创造性劳动，且具有一定的社会价值，其稀缺性和有用性决定了作为质押标的物的知识产权具有财产性。但作为主债权实现的担保形式，其财产性还必须体现在质押标的物具有货币的可测算性，且出质的知识产权的货币

---

① 参见我国《物权法》第 227 条第 2 款。

价值应大于被担保的债权，从而其可通过市场交换获取货币，最终保障债权的顺利实现。换句话说，作为知识产权质押的标的，不仅要有价值，且该价值必须可以通过货币形式进行估量，只有这样才有质押权人接受该质押标的的现实可能性。因此，知识产权中的期待权，如申请专利授予的权利、未完成的著作权等，由于其货币价值的不可估性，也不属于可质押的知识产权的标的物。

（2）知识产权质押的标的范围。

关于知识产权质押的标的，我国《担保法》和《物权法》均对此有所规定①。有学者指出，我国《物权法》第 223 条是对我国《担保法》第 75 条简单的重复，二者规定的可质押的知识产权标的的范围在实质上一致。② 但我们认为，二者规定的可质押的知识产权标的实有不同。具体而言，我国《担保法》第 75 条规定，可转让的商标专用权、专利权、著作权中的财产权可以质押。由此可知，我国《担保法》采用的是列举式的立法体例，其明确列举了可质押的知识产权仅限于三类，即具有"可转让"和"财产权"属性的商标专用权、专利权和著作权，其他可转让的具有财产权利的商业秘密权、集成电路布图设计权、植物新品种权等知识产权则被排斥在可质押的知识产权范围之外③，标的范围相对较窄。而我国《物权法》第 223 条规定，可转让的具有财产权性质的注册商标知识产权可以出质，并列举了该类知识产权包括注册商标专用权、专利权、著作权等。与我国《担保法》的第 75 条规定不同，我国《物权法》第 223 条采用的是列举式与概括式结合的立法体例，其概括、原则性地规定了具有可转让性和财产权的知识产权可以出质，并对可出质的知识产权进行列举，其暗含的本意是，除了列举的"注册商标专用权、专利权、著作权"这三类知识产权，其他具有可转让的财产性质的知识产权亦可质押，只是未明确列举。由此可知，比较而言，我国《物权法》中可质押的知识产权标的范围比我国《担保法》中的知识产权质押标的范围更为宽广。

（3）著作权的质押。

复制权、发行权等十余种权利均属于著作权者享有的财产性权利④，依法

---

① 我国《担保法》第 75 条第 3 款："下列权利可以质押：依法可以转让的商标专用权、专利权、著作权中的财产权。"我国《物权法》第 223 条第 5 款："债务人或者第三人有权处分的下列权利可以出质：可以转让的注册商标专用权、专利权、著作权等知识产权中的财产权。"

② 丘志乔：《知识产权质押制度之重塑 基于法律价值的视角》，知识产权出版社 2015 年版，第 78 页。

③ 刘春霖：《知识产权质押标的物适格研究》，载于《河北科技大学学报（社会科学版）》，2014 年第 2 期，第 43～50 页。

④ 参见我国《著作权法》第 9 条。

可以作为知识产权质押的标的。但著作权作为质押标的需要注意以下几点：一是关于部分财产著作权的质押。著作财产权利中，通常情况下质权人只会接受其认可的一项或是几项著作财产权，因此在出质的过程中，出质人和质押权人双方都应注意，设立知识产权质押的著作财产权具体为哪些内容，以免出现不必要的纠纷。二是关于职务作品的质押。职务作品的著作权归属于法人或其他社会组织。① 因此职务作品著作权的质押主体应是该法人或其他社会组织，而非职务作品的署名者。三是关于合作作品的质押。对于合作作品而言，如该合作作品是可以分割而正常合理使用的，那么作者对各自创作的部分享有单独的著作权，即其可以自由处分其享有的著作权。② 因此，可分割的合作作品当然可以独立成为知识产权质押的标的之一。但是如果该合作作品是分割后不可正常使用的，则著作权的共有人应经共同协商一致同意后才可将该项著作权出质。四是关于著作权的保护期限。我国对著作财产权的保护时限为 50 年。③保护期间届满意味着已超过保护期限的著作权作品可自由地为任何组织和个人利用。因此，是否在著作权的保护期间内是确定或区分其是否可作为质押标的的重要指标。换句话说，上述具有可转让性的有财产性质的著作权，并不当然地可作为质押标的，只有当该项著作财产权仍在保护期间内，才具价值而发挥担保债权实现的功能。五是未发表的作品之著作权质押。因作品在完成时即自动获得该作品的著作权，其发表与否并无实质影响。因此，未发表的作品之著作权也可以作为质押的标的。

（4）专利权的质押。

根据我国《专利法》的规定④，专利包括发明、实用新型和外观设计三种类型；专利权的财产权包括三项内容，分别为转让权、独占实施权和实施许可权。因此，上述三种专利类型的三种财产性权利中的任何一种均可作为质押标的。此外，专利权作为质押标的需要注意如下几点：一是关于专利申请权的质押。虽然根据我国《专利法》第 10 条和《中华人民共和国合同法》（以下简称《合同法》）第 342 条⑤的规定，可推知专利申请权同时具备可转让性和财产属性。但我国并未明确规定专利申请权可以质押。且《专利权质押登记办法》第 9 条规定，登记申请人提交的专利权质押合同中需明确专利权数量及每项专利

---

① 参见我国《著作权法》第 11 条第 3 款。
② 参见我国《著作权法》第 13 条。
③ 参见我国《著作权法》第 21 条。
④ 参见我国《专利法》第 2 条、第 10～12 条。
⑤ 参见我国《专利法》第 10 条，《合同法》第 342 条。

权的名称、专利号、申请时间、授权公告时间等特定内容，可见国家知识产权局在实际上并不接受专利申请权的质权登记。二是关于职务发明创造的专利权之质押。为了完成单位任务或主要利用单位的物质条件或技术完成的职务发明创造，除了双方就专利权人另行协商确定以外，单位为该发明创造作品的专利权人。[①] 因此，发明创造的署名人，并不必然是专利权人。三是关于合作或委托完成的发明创造之专利权的质押。除对归属另有约定者，因合作共同完成或接受委托而完成的发明创造作品的专利权主体是完成或共同完成该作品的单位或个人。共有专利人应当取得全体共有人的一致同意才可行使专利权的质押。[②] 四是关于专利权的期限和年费[③]。一方面，发明专利权的保护期限为 20 年，实用新型专利权和外观设计专利权的保护期限为 10 年，因此专利作为质押的标的，须在专利权的期限内方可为之。另一方面，专利权人在被授予专利权的当年开始缴纳年费，如没有按照规定缴纳年费的，经相关部门登记和公告，专利权即在期限届满前停止。故作为质押标的的专利权，须按法律规定缴纳年费。五是关于专利权的宣告无效。[④] 对于已经公告授予的专利权，任何单位或个人均可请求专利复审委员宣告该专利权无效。因此，作为质押的标的专利权不可以是无效的专利权。六是关于依赖型专利权。[⑤] 需要特别注意，在不同情形下，前项专利权与后项专利权之间因强制许可的实施，会产生互相制约的关系，作为质押标的专利权，为了实现质权如果需要依法处置时，则会与其有依存关系的其他专利权产生冲突。

（5）注册商标专用权的质押。

商标权的内容包括商标的专用权、转让权和许可使用权。但根据我国《物权法》和《商标法》的规定，仅注册商标专用权可以作为质押的标的。此外，商标专用权作为质押标的需要注意如下几个方面：一是要证明商标和集体商标的可质押性。根据我国《商标法》第 3 条的规定，商标可分为商品、服务、集体和证明四种商标类型。虽然上述四类商标的注册人都享有商标专用权，但由于集体商标是"为了表明使用者在该组织中的成员资格"，证明商标是为了"证明该商品或者服务的原产地、原料、制造方法、质量或者其他特定品质"，相较其他商标而言，其在商标注册主体和使用管理上有特殊要求。但根据《集

①　参见我国《专利法》第 6 条。
②　参见我国《专利法》第 8 条、第 15 条。
③　参见我国《专利法》第 42~44 条。
④　参见我国《专利法》第 45~47 条。
⑤　参见我国《专利法》第 51 条。

体商标、证明商标注册和管理办法》的规定，在买方具备相应的主体资质的前提下其可以进行转让。① 因此商标专用权和集体商标专用权可以进行有条件地质押。二是关于共同商标专用权的质押。两个以上的商标专用权申请人（包括自然人、法人或者其他组织）共同申请对同一商标进行注册时，申请人有权共同拥有和使用该商标专用权。当共同商标专用权质押时，必须以共有人一致同意为前提条件。三是关于联合商标②的质押。"转让注册商标的，商标注册人对其在同一种商品上注册的近似的商标，或者在类似商品上注册的相同或者近似的商标，应当一并转让。"③ 作为商标的集合，如果联合商标是质押的标的，那么当质权人实现质权而将商标以拍卖等方式变现时，则会出现联合商标由不同的所有人而享有或行使的尴尬，这不仅有减弱商标本应有的指示功能，还有悖于商标法的基本原则。因此，联合商标中的任一之商标不可单独质押，而需要将联合商标作为一个整体予以质押。四是未注册的驰名商标。我国《担保法》第 75 条规定，依据法律可以转让的商标专用权可以质押。此时，驰名商标因具有可转让性和财产权属性，可以质押理所当然。但我国《物权法》第223 条却将可质押的商标权限定在了"注册商标专用权"的范围之内。由此不难看出，我国《物权法》已将未注册的驰名商标排除在了可质押的知识产权范围之外。且根据配套《注册商标专用权质押登记程序规定》第 4 条和第 5 条可知，办理商标专用权质押的，需要提交质押商标的注册证复印件，并且在商标质押合同中明确注册商标的注册号、类别及期限。故未经注册的商标，即使被认定为驰名类商标，也不在可质押的知识产权范围之内，无法予以质押登记。

（6）其他类型知识产权的质押。

知识产权的性质决定了其会随着科学技术的发展和创新而不断产生权利种类、权利内容的拓展，即知识产权的范围会逐步扩大，权利种类和权利内容也会越来越多。如此，伴随着知识产权融资需求的增长，必然会有突破我国《担保法》和我国《物权法》中规定的可质押的知识产权的种类和范围的知识产权。比如商业秘密权、集成电路布图设计权、植物新品种等新型知识产权，现实中已有强烈利用其完成融资的需求，苦于立法的制约而难以完成其知识产权的资本化过程。

---

① 参见《集体商标、证明商标注册和管理办法》第 16 条。

② 联合商标是指商标所有人将同一商标在不同种类的商品或服务上分别注册，以扩大其受保护的范围。

③ 参见我国《商标法》第 42 条。

第一，商业秘密权。《贸易知识产权协定》①首次将商业秘密（亦为"未披露信息"）归入到知识产权的范畴。此后，许多国家都开启了对商业秘密的法律保护。商业秘密在我国的法律保护也经历了从无到有，保护范围从小到大的过程。商业秘密被我国法律首次提及是在我国 1991 年《民事诉讼法》第 66 条和 120 条中。1992 年，最高人民法院《关于适用〈中华人民共和国民事诉讼法〉若干问题的意见》对商业秘密进行了定义，即"商业秘密主要是指技术秘密、商业情报及信息等，如生产工艺、配方、贸易联系、购销渠道等当事人不愿公开的工商业秘密。"②随后，在 1993 年，商业秘密最终在我国《反不正当竞争法》第 9 条③中予以明确。且从内涵上看，商业秘密包括技术秘密和工商业秘密。在世界范围内来看，许多国家均将商业秘密作为与专利权、商标权等作为同一类型的知识产权予以保护和规范。且从可质押的角度来讲，商业秘密权是一种可以转让的，能够为其权利人带来经济利益的知识产权，其可转让性和财产权属性毋庸置疑。

第二，集成电路的布图设计权。美国 1984 年的《半导体芯片保护法》成为世界上首部关于集成电路布图设计的立法。随后，《关于集成电路的知识产权条约》和《贸易知识产权协定》④ 均将集成电路布图设计权作为知识产权保护的内容之一。2001 年的《集成电路布图设计保护条例》，标志着我国首次以法规的形式开启了对集成布图设计专用权的保护。同年，国家知识产权局颁布《集成电路布图设计保护条例实施细则》，使得我国法律对集成电路布图设计权的保护落地。根据《集成电路布图设计保护条例》第 7 条⑤规定可知，集成电路布图设计专有权包括复制权和商业实施权。根据传统知识产权法的规定，复制权属于著作权的范畴，而商业实施权属于专利权范畴，由此可见，集成电路布图设计专有权的权利属性介于著作权和专利权之间。特别需要说明的是，根

---

① 《知识产权国际公约》第 39 条第 2 款规定：商业秘密有关信息要符合下列三个条件：（1）在一定意义上，其属于秘密，就是说，该信息作为整体或作为其中内容的确切组合，并非通常从事有关该信息工作之领域的人们所普遍了解或容易获得的；（2）因其属于秘密而具有商业价值；（3）合法控制该信息之人，为保密已经根据有关情况采取了合理措施。

② 参见最高人民法院《关于适用〈中华人民共和国民事诉讼法〉若干问题的意见》。

③ 我国《反不正当竞争法》第 9 条："商业秘密是指不为公众所知悉、能为权利人带来经济利益、具有实用性并经权利人采取保密措施的技术信息和经营信息。"

④ 我国是这两个国际公约的签字国，但前者至今尚未在我国生效。

⑤ 《集成电路布图设计保护条例》第 7 条规定："布图设计权利人享有下列专有权：（一）对受保护的布图设计的全部或者其中任何具有独创性的部分进行复制；（二）将受保护的布图设计、含有该布图设计的集成电路或者含有该集成电路的物品投入商业利用。"

据《集成电路布图设计保护条例实施细则》第37条①的规定，"布图设计专有权的质押、保全及其解除"也在集成电路布图设计的登记事项之中，不难看出，集成电路布图设计专有权成为知识产权可质押的标的理所应当。只是目前我国缺乏相应的集成电路布图设计专有权质押登记操作细则，使得集成电路布图设计专有权的质押成为一纸空文。

第三，植物新品种权。1961年《保护植物新品种国际公约》开启了世界范围内对植物新品种的法律保护。我国《专利法》第25条即规定，权利人可通过申请植物品种生产方法的专利权对植物新品种给予间接的法律保护。随后，根据《贸易知识产权协定》第27条第3款②的规定，我国于1997年出台了《植物新品种保护条例》，这标志着权利人可以通过申请植物新品种权直接保护植物新品种，从而实现了立法从间接保护到直接保护的跨越式发展。并且根据《植物新品种保护条例》第6条③规定，品种权人对其授权的植物新品种享有排他的独占权，其中包括商业许可权。由此可知，植物新品种权作为知识产权，具有明显的财产和转让性质，将其作为知识产权质押的标的在理论上和法律认识上并不存在阻碍。但目前我国《植物新品种保护条例》中并未设置植物新品种权的质押制度，使得在实践中缺乏相关的法律规范和操作指南。

3. 知识产权质押的设立及登记

知识产权质押的设立指知识产权的质押人和质押权人之间达成合意并签订质押合同，使得双方建立知识产权质押关系。但是依据质押合同生效要件的不同，知识产权质押的设立类型可分为意思主义、登记生效主义和登记对抗主义。知识产权质押意思主义是指知识产权质押仅需要双方当事人达成合意即可有效设立，不需要经过签订书面合同或到相关部门登记。知识产权质押登记生效主义是指知识产权质押合同的成立并不代表知识产权质权的成立，只有在知识产权经过规定的部门办理登记手续后，知识产权质权才能成立生效。而知识

---

① 《集成电路布图设计保护条例实施细则》第37条规定："国家知识产权局设置布图设计登记簿，登记下列事项：（一）布图设计权利人的姓名或者名称、国籍和地址及其变更；（二）布图设计的登记；（三）布图设计专有权的转移和继承；……（五）布图设计专有权的质押、保全及其解除；……"

② 《贸易知识产权协定》第27条第3款规定："成员应以专利制度或有效的专门制度，或以任何组合制度，给植物新品种以保护。"

③ 《植物新品种保护条例》第6条规定："完成育种的单位或者个人对其授权品种，享有排他的独占权。任何单位或者个人未经品种权所有人（以下称品种权人）许可，不得为商业目的生产或者销售该授权品种的繁殖材料，不得为商业目的将该授权品种的繁殖材料重复使用于生产另一品种的繁殖材料；但是，本条例另有规定的除外。"

产权质押登记对抗主义是指知识产权质权自质权合同成立时设立，未经相关部门登记，其仅在合同当事人之间产生法律效力，不具有对抗第三人的效力。

（1）知识产权质押的设立。

根据我国《物权法》第 227 条的规定[①]，可知我国《担保法》对知识产权质押采取的是知识产权质押的登记生效主义。采用知识产权质押登记生效主义的优势在于能准确地界定质权生效时间及物权变动的时间，这不仅可以为未来实现质权提供对抗第三人的优先效力，还可以为涉及质权当事人财产的第三人提供客观信息，确保交易安全，同时有利于知识产权质押登记机关对质押合同的监管。但不足之处在于，其关注形式大于关注实质，对交易双方来说，这不仅增加了市场交易的成本，影响市场交易的效率，还可能产生质权人的法律风险——签订质押合同后，出质人将该知识产权转让他人或经登记出质给他人，使得其权益受损。对登记机关来说，凡欲生效的知识产权质押都需经过登记，则无形中增加了其工作量和工作成本。

（2）知识产权质押的登记。

关于知识产权质押的登记，我国《担保法》和我国《物权法》均未作具体规定。1996 年至 1997 年，原国家工商行政管理局、国家专利局和国家版权局先后发布《商标专用权质押登记程序》《专利权质押合同登记管理暂行办法》和《著作权质押合同登记办法》，并先后颁布《注册商标专用权质权登记程序规定》（2009 年）、《专利权质押登记办法》（2010 年）、《著作权质权登记办法》（2010 年）作为注册商标专用权、专利权和著作权登记的法律规范文件。

根据上述法律规范要求可知，对不同的知识产权进行质押，需要根据不同的法律规范，依照不同的程序要求，到不同登记管理机关办理相关知识产权质权的登记。下面我们将对注册商标专用权、专利权和著作权的质权登记程序要求做一下梳理。

第一，注册商标专用权质权登记。

一是登记的方式。注册商标专用权质权登记要以双方订立书面合同为前提。质权登记需要由合同双方共同提出。登记可以双方直接向有关部门自行提起，也可以通过委托的方式通过商标代理机构进行代理提出。但特定条件下的外国人或外国企业必须委托代理机构办理。[②]

---

① 我国《物权法》第 227 条第 1 款规定："以注册商标专用权、专利权、著作权等知识产权中的财产权出质的，当事人应当订立书面合同。质权自有关主管部门办理出质登记时设立。"

② 参见《注册商标专用权质权登记程序规定》第 2 条。

二是办理质权登记应提交的资料。申请办理注册商标专用权质权登记应提交的材料包括：商标专用权登记申请表；出质双方当事人的主体资格证明文件或身份证复印件；债权债务主合同和注册商标专用权质权合同；根据直接办理或委托代理的不同情形，分别提交授权委托书或代理委托书；用于出质的注册商标的证明文件；用于出质的注册商标的价值评估报告，如双方已针对该价值达成合意并提交书面认可文件，可不提出价值评估报告；其他材料。①

三是质权合同的主要内容。注册商标专用权质权合同的内容应包括：双方当事人的名称、姓名及住址，被担保的债权类别及数额，约定债务人履行义务的期限，出质注册商标的注册号、类别及期限，担保的范围，其他事项。②

四是注册商标专用权质权登记事项。注册商标专用权质权登记事项包括：双方当事人的名称或姓名，出质商标的注册号，质权担保的债权类型及数额，质权登记的期限及日期。③

五是不予登记的情形。注册商标专用权质押不予登记的情形包括：出质主体的名称或姓名与相关部门档案记载的有所不同，且不能提供其为该注册商标的权利人的证明；注册商标质权合同违反法律法规的强制性规定；注册商标专用权已不受法律保护（包括被撤销、被注销、有效期满未按要求续展）；注册商标专用权涉诉或产生纠纷的，即被人民法院查封或冻结；其他不符合出质的情形。④

六是撤销登记的情形。注册商标专用权质权登记被撤销的情形包括：发现有属于不予登记的情形之一且已被登记的；注册商标专用权质权合同无效或被撤销的；出质的注册商标因法定程序丧失专用权的；采用欺骗手段取得注册商标专用权质权登记的（包括提交虚假证明材料）。⑤

七是变更登记和延期登记应提交的文件。①注册商标专用权质权变更登记的情形包括以下两种：双方当事人或一方当事人的名称或姓名有变更的；注册商标专用权质权合同担保的主债权数额有变更的。⑥ ②注册商标专用权质权变更登记应提交的材料包括：《商标专用权质权登记事项变更申请书》，质权双方当事人的主体资格证明或身份证明复印件，需要变更登记的相关证明文件或双

---

① 参见《注册商标专用权质权登记程序规定》第4条。
② 参见《注册商标专用权质权登记程序规定》第5条。
③ 参见《注册商标专用权质权登记程序规定》第6条。
④ 参见《注册商标专用权质权登记程序规定》第8条。
⑤ 参见《注册商标专用权质权登记程序规定》第9条。
⑥ 参见《注册商标专用权质权登记程序规定》第1条。

方对变更事项的协议文件，原《商标专用权质权登记证》，授权委托书或商标代理委托书，其他文件。① ③注册商标专用权质权延期登记的情形包括以下三种：被担保的主合同履行期间延长；主债权未按期实现需要延长质权登记期限的；其他原因需要延长质权登记期限的。④注册商标专用权质权延期登记应提交的材料包括：《商标专用权质权登记期限延期申请书》，质权双方当事人的主体资格证明或身份证明复印件，双方当事人合意签订的注册商标专用权质权延期协议，原《商标专用权质权登记证》，授权委托书或商标代理委托书，其他文件。②

八是办理注销登记。办理注册商标专用权质权注销登记应提交的文件包括：《商标专用权质权登记注销申请书》，质权双方当事人的主体资格证明或身份证明复印件，质权双方当事人合意签订的注销质权登记的协议或注册商标专用权质权合同履行完毕的凭证，原《商标专用权质权登记证》，授权委托书或商标代理委托书，其他文件。③

第二，专利权的质权登记。

一是登记的方式：专利权质押双方是在中国注册的单位或中国公民的，双方当事人可以自行办理登记手续，亦可委托专利代理机构办理；如果是外国公民、外国企业或外国其他组织，且在中国没有常住居所或营业所的，应委托专利代理机构办理专利权的质押登记；质权登记双方当事人可以通过直接送交、邮寄等方式办理质押登记。④

二是办理质权登记应提交的资料：双方当事人共同签字或盖章的专利权质押登记申请表（可提供电子扫描件）；专利权质押合同（可提供电子扫描件）；专利权质押合同双方当事人的主体资格证明文件（如果是外文版本的，需要提供中文版本或中文译文，否则视为未提交）；明确委托权限的专利权质押登记委托书；其他材料。⑤

三是质权合同的形式及主要内容。①专利权质权合同的形式。专利权质权合同应采用书面方式，但其可以是形式上单独的质权合同，亦可是主合同中涉及的具体的担保条款。②质权合同必须载明的主要内容应包括：专利权质权双方当事人的具体信息，包括双方的姓名（名称）或地址；质权担保的债权具体

---

① 参见《注册商标专用权质权登记程序规定》第 10 条。
② 参见《注册商标专用权质权登记程序规定》第 11 条。
③ 参见《注册商标专用权质权登记程序规定》第 13 条。
④ 参见《专利权质押登记办法》第 4～5 条。
⑤ 参见《专利权质押登记办法》第 7 条。

数额及种类；主债务的履行期限；用于质押的专利权数量及各专利权的具体信息（包括专利权的名称、专利号、申请日及授权公告日等）；专利权质权担保的范围。③质权合同可以载明的内容还包括：专利权质押期间专利权年费的缴纳主体及方式；专利权质押期间，该专利权的转让及实施许可等相关事项；专利权质押期间，该专利权被宣告无效、专利权归属主体变更的处理事项；专利权质权实现时相关技术资料的交付时间及方式。①

四是不予登记的情形。专利权不予质押登记的情形包括：出质人与专利权人的登记事项不一致的；专利权依法被宣告无效或依法被终止，或已依法启动宣告无效程序的；专利权虽已申请却尚未被授予的；需要质权登记的专利权属于年费缴纳滞纳期内的；专利权承载着法律纠纷或有可能发生纠纷，如专利权的归属事项产生纠纷，或人民法院已对专利权采取保全措施而导致暂停对该专利权的质押登记程序；质押合同中载明的债务发行期限长于专利权的有效期限的；质权双方约定如债务人在债务履行期届满仍未清偿债务时专利权归质权人所有的；质押登记的专利权存在法定的不予登记的情形的；未征得全体共有人合意而进行质押的共有专利权；该申请质押登记的专利权已被申请质押登记并且尚处在质押期间的；其他不予登记的情形。相关部门决定对某专利权不予质押登记时，应向当事人发送《专利权质押不予登记通知书》进行告知。②

五是撤销登记的情形。①撤销专利权质押登记的情形包括以下两种：当专利权依法被宣告无效或依法被终止并且该情形尚未消除的；其他应当撤销以质押登记的情形。②相关部门撤销专利权质押登记的，应向当事人发送《专利权质押登记撤销通知书》。③撤销专利权质押登记的效力。撤销专利权质押登记的，质押登记的效力自始无效。③

六是专利权质押登记的内容。专利权质押登记的内容应包括：专利权质押双方当事人（出质人和质权人）的姓名、名称或地址；用于质押的专利权的主分类号及专利号；该专利权的授权公告日期及质押登记日期。④

七是专利权质押变更登记。①专利权质押变更登记的情形包括：专利权质押双方当事人的姓名或名称、地址等主体信息发生变化的；专利权质押所担保的主债权种类或数额发生变化的；专利权质押担保的范围发生变化的。②专利权质押变更登记的期限。当事人应在相关信息变更之日起 30 日内向相关部门

---

① 参见《专利权质押登记办法》第 2、9 条。
② 参见《专利权质押登记办法》第 12 条。
③ 参见《专利权质押登记办法》第 13 条。
④ 参见《专利权质押登记办法》第 14 条。

提出质押变更登记。③专利权质押变更登记应提交的文件包括：主体信息变更的证明文件或主债权种类或数额变更的相关协议；原《专利权质押登记通知书》；其他有关文件。①

八是专利权质押的注销登记。①专利权质押注销登记的情形包括：债务人已按照约定如期履行债务，或出质人已提前清偿所担保的债务而致使主债权债务消灭的；债务人或出质人虽未清偿债务但质权已经实现的；质权人自愿放弃质权的；因主债权合同的无效或被撤销而导致专利权质押合同无效或被撤销的；法律规定的其他质权消灭的事由。②专利权质押注销登记的通知。相关部门收到注销登记申请并经过审核，如其符合专利权质押登记注销的法定事由，应向当事人发送《专利权质押登记注销通知书》。③专利权质押注销登记效力。专利权质押注销登记后，专利权质押登记效力终止。②

九是专利权质押登记无效或终止的通知：在质押登记期间，专利权被宣告无效或终止的，相关部门应通知该专利权的质权人；如专利权人未按照法律规定按期及时缴纳已质押登记的专利权的年费的，相关部门应向专利权人和质权人同时发出缴费通知书。③

第三，著作权的质权登记。

一是著作权质权登记的方式：著作权质押双方当事人共同办理质权登记；双方当事人可以自行办理著作权质权登记，亦可委托代理人办理。④

二是办理著作权质权登记应提交的材料包括：著作权质权登记申请表；著作权质押双方当事人的主体资格证明文件或身份证明，如著作权质权登记是通过委托代理人办理，还需要提交委托书；主合同以及著作权质押合同；以共有著作权出质的，须提交共有人出具的书面同意证明材料；著作权在出质前已授权他人使用的，须提交授权使用合同；质权人要求对著作权进行评估的，或相关法律法规要求对出质的著作权进行评估的，或该著作权经营价值评估的，应提交该著作权的价值评估报告；需要的其他文件。此外，如果提交的上述材料有外文文件的，须同时提交中文译本。⑤

三是著作权质权合同的主要内容：著作权质权合同应包括双方当事人的基本信息，如双方当事人的姓名或名称、地址等信息；著作权质押所担保的债权

---

① 参见《专利权质押登记办法》第17条。

② 参见《专利权质押登记办法》第18条。

③ 参见《专利权质押登记办法》第19～20条。

④ 参见《著作权质权登记办法》第4条。

⑤ 参见《著作权质权登记办法》第6条。

的种类及数额；债务人的债务履行期间；用于质押的著作权的具体内容及法律保护期间；著作权质押担保的范围及期间；双方当事人约定的其他相关事宜。[①]

四是著作权质权登记的效力及登记事项。①著作权质权登记应填写《著作权质权登记簿》。登记的具体内容包括：著作权质押双方当事人的信息，包括双方当事人的姓名或名称、地址等；著作权质押合同的主要内容，如著作权质押担保的主债权种类及金额、担保范围及期限等；用于质押登记的著作权的登记号码；著作权质权登记日期；著作权质权撤销登记、变更登记、注销登记的情况；其他内容。[②] ②著作权质权登记后应发放著作权质权登记证书，且登记证书上应标明著作权质权自登记之日起设立。[③]

五是著作权质押不予登记的情形：著作权质押的出质人与著作权人不一致的；主合同或著作权质押合同违反法律法规的强制性规定的；用于出质的著作权的保护期间届满的；著作权质押担保的主债务履行期间长于著作权保护期间的；用于质押的著作权存在权属争议的；其他情形。[④]

六是著作权质押撤销登记的情形：著作权质权登记后发现有著作权不予质押登记任何情形之一的；依有权机关（包括司法机关、仲裁或行政管理机关）做出的对质权效力有影响的已经生效的文书（包括法院裁决或行政处罚决定等）应当予以撤销著作权质权登记的；著作权质权合同依法律规定归于无效或依法被撤销的；著作权质权登记申请人以出具虚假文件等非法手段骗取登记的；其他应当撤销著作权质权登记的情形。[⑤]

七是著作权质权的变更登记。①著作权质权变更登记的情形：著作权质权双方当事人的基本信息变更的；用于质押的著作权的基本信息变更的；著作权质押担保的债权种类及金额变更的；著作权质押担保的范围变更的；其他著作权质押登记的相关事项变更的。②著作权质权变更登记的程序：上述相关事项如有变更的，当事人应持相关证明文件或相关事项的变更协议，以及原《著作权质权登记证书》向登记机构申请著作权质权的变更登记；登记机构自接受申请后10日之内完成变更登记审核。如符合变更登记的条件的，对变更的事项予以变更登记；变更登记后需要变更著作权质权登记证书中相关内容的，应交

---

① 参见《著作权质权登记办法》第7条。
② 参见《著作权质权登记办法》第5、21条。
③ 参见《著作权质权登记办法》第11条。
④ 参见《著作权质权登记办法》第12条。
⑤ 参见《著作权质权登记办法》第15条。

回原著作权质权登记证书，并由登记机构发放新的证书。[①]

八是著作权质权注销登记。①著作权质权注销登记的情形：著作权质押双方当事人合意注销登记的；主合同双方当事人已完全履行该合同的；债权人或出质人未清偿债务但已实现质权的；著作权的质权人自愿放弃该质权的；因其他事由致使著作权质权灭失的。②申请著作权质权注销应提交的资料包括：著作权质权注销登记申请书；著作权质权注销登记证明；著作权质押双方当事人的主体资格证明文件或身份证明；原《著作权质权登记证书》；其他相关的证明材料。③著作权质权注销登记的受理期间。登记机构应在接收到著作权质权注销登记申请材料的 10 日内办理完毕，并发放注销登记通知书。[②]

4. 知识产权质押的权利和义务

（1）质权人的权利和义务[③]。

第一，知识产权质权人的权利包括：①质权标的物的转让权或许可他人使用的同意权。出质人不得转让或者许可他人使用质权，但经出质人与质权人协商同意的可以转让或者许可他人使用。②质权人的物上代位权。质物有损坏或者有价值明显减少的可能，足以危害质权人权利的，质权人可以要求出质人提供相应的担保。出质人不提供的，质权人可以拍卖或者变卖质物，并与出质人协议将拍卖或者变卖所得的价款用于提前清偿所担保的债权或者向与出质人约定的第三人提存。[④] ③优先受偿权。在知识产权质押期间，出质人如将质押标的物转让或许可他人使用，其所得的转让费、许可费应当向质权人提前清偿所担保的债权或者向与质权人约定的第三人提存。④变价权。债务履行期届满后，知识产权质权人未受清偿的，可以与知识产权出质人协议，以质物折价、依法拍卖、变卖质物的方式实现质权。⑤质权转质权。在知识产权出质期间，质权人可以将其质权转让给他人。⑥质权处分权。知识产权质权人可放弃该质权。

第二，知识产权质权人的义务包括：①配合知识产权出质人共同办理知识产权质押登记，提供相关资料。②配合注销知识产权质押的义务。在动产质押中，债务履行期届满前，债务人履行债务的，或者知识产权出质人提前清偿所担保的债权的，知识产权质权人应当返还质物。[⑤]

---

① 参见《著作权质权登记办法》第 16～17 条。

② 参见《著作权质权登记办法》第 18～19 条。

③ 参见我国《担保法》第 70、80 条，我国《物权法》第 208～229 条。

④ 参见我国《物权法》第 70 条。

⑤ 参见我国《物权法》第 71 条。

（2）出质人的权利和义务。

第一，知识产权出质人的权利包括：一是对出质的知识产权享有继承使用权。二是征得质权人的同意后可转让或者许可他人使用出质的知识产权中的财产权。三是质押标的折价或者拍卖、变卖后，其价款超过债权数额的部分归出质人所有。① 四是撤销质押登记请求权。债务履行完毕后，知识产权出质人有权请求撤销质押登记的权利。

第二，知识产权出质人的义务包括：一是在知识产权质押期间，如果出质人欲转让或许可他人使用该质押标的，需征求质权人的同意。二是在知识产权质押期间，如果经质权人同意转让或者许可他人使用出质的知识产权所得的价款，应当向质权人提前清偿债务或者提存。三是履行债务到期后，质权人实现质权时，质押标的折价或者拍卖、变卖后，其价款不足债权数额的部分由债务人清偿。

5. 知识产权质押的评估规则

在我国，财政部于 2001 年颁布的《资产评估准则——无形资产》是最早的、专门针对无形资产评估而制定的部门规范性文件，其对无形资产评估的原则、要求、评估方法等内容进行了规定。此后，该文件被修改和完善，形成了现行适用的《资产评估准则——无形资产》（2009 年）。为了满足商标专用权、专利权和著作权等知识产权质押的现实需求，我国又陆续下发了《专利资产评估指导意见》（2009 年）、《著作权资产评估指导意见》（2011 年）和《商标资产评估指导意见》（2012 年），具体规定了我国知识产权价值评估的方法及规则。

6. 知识产权质押的监管规则

早在 2007 年，针对知识产权交易机构存在条块分割、缺乏统筹规划、保护和监管不到位等问题，我国国家发展和改革委员会、科学技术部、财政部、国家工商行政管理总局等联合下发了《建立和完善知识产权交易市场的指导意见》。从规范知识产权交易行为和建立健全知识产权监督管理机制两个方面提出要求。针对规范知识产权交易行为，提出了严格交易程序，履行必要手续；健全内部管理，建立信息披露制度；建立知识产权交易信息沟通反馈机制与运营网络等要求。针对建立健全知识产权监督管理机制方面，提出了加强对知识产权交易市场的指导；建立由国家发展改革委牵头，财政部、科技部、国家工商总局、国家版权局、国家知识产权局、国务院国资委、证监会等相关部门及

---

① 参见我国《物权法》第 221 条。

部分省级知识产权交易管理部门参加的指导委员会，强化对知识产权市场的指导和协调；国家和地方知识产权交易市场的监管部门，应依法实施管理，加强动态监管；积极推进国家和区域性知识产权交易市场行业自律等要求。

三、知识产权质押的政策梳理

近年来，国家有关部门和各地政府及相关部门相继出台了一系列旨在促进知识产权质押融资工作的地方法律或政策规定，根据所涉的内容为标准，政策可分为发展知识产权质押的综合性政策、促进创新知识产权融资的政策、培育知识产权质押服务机制的政策、推动知识产权资产评估机制的政策、培育知识产权质押物交易市场的政策以及强化知识产权质押保障机制的政策。

（一）发展知识产权质押的综合性政策

1. 国家层面的政策

为了完善和创新知识产权融资的政策，2010 年，两部一委①联合下发了《关于加强知识产权质押融资与评估管理支持中小企业发展的通知》，主要着力于促进知识产权质押融资等相关机制建设，如在建立协同推进机制、创新服务机制、建立风险管理机制、完善管理体系等方面提出了建设性的指导意见和政策指南。此外，2012 年，国家十部委②联合出台《关于加强战略性新兴产业知识产权工作的若干意见》，其中就拓展知识产权投融资方式做了较为细致的规定。例如，提出完善知识产权投融资政策包括：①着力知识产权融资方式，支持知识产权质押、出资入股、融资担保；②探索与知识产权相关的股权债权融资方式，支持社会资本通过市场化方式设立以知识产权为基础的投融资平台和工具③；③鼓励开展与知识产权有关的金融产品创新；④探索建立知识产权融资机构，着力支持中小企业快速成长。④

2. 地方层面的政策

2011 年，陕西省出台《陕西省知识产权质押贷款管理办法（试行）》，内容涉及了贷款用途和条件、贷款额度期限及利率、贷款申办程序、贷款管理等

---

① 即财政部、工业和信息化部、银监会。
② 知识产权局、发展改革委、教育部、科技部、工业和信息化部、财政部、商务部、工商总局、版权局、中科院。
③ 例如知识产权投资基金、集合信托基金、融资担保基金等性质的融资平台和工具。
④ 参见《关于加强战略性新兴产业知识产权工作的若干意见》全文。

方面的规定，意在拓展中小企业融资路径，着力更新知识产权质押贷款的业务，依法强化知识产权质押当事人合法权益的保护。同年，哈尔滨市人民政府也出台《关于促进知识产权质押融资的实施意见》，其对知识产权质押融资范围、设立知识产权质押融资风险补偿资金、知识产权评估要求、知识产权质押贷款手续办理及贷后管理、知识产权质押贷款逾期及代偿管理等内容进行了规定，进一步促进当地知识产权质押融资工作。

（二）促进创新知识产权融资服务的政策

1. 国家层面的政策

中国银监会、国家知识产权局、国家工商行政管理总局、国家版权局四部门 2013 年发布了《关于商业银行知识产权质押贷款业务的指导意见》，意在鼓励和支持企业创新，规引商业银行开展知识产权质押贷款业务，着力发挥知识产权的融资担保价值。此外，国家知识产权局 2015 年下发了《关于进一步推动知识产权金融服务工作的意见》，在加快培育和规范专利保险市场、加强知识产权金融服务能力建设、强化知识产权金融服务工作保障机制等方面提出了一系列可操作性的指导意见。

2. 地方层面的政策

2015 年北京市知识产权局、市金融局、人行营业管理部、北京银监局、北京证监局、北京保监局联合制定了《进一步推动首都知识产权金融服务工作的意见》，在完善知识产权质押服务机制方面，提出了完善市区两级推动质押贷款贴息与评估费用补贴、加强对企业上市和挂牌交易的知识产权服务工作、鼓励中介机构为知识产权金融提供服务、加强知识产权金融服务人才队伍建设等政策。

（三）推动知识产权资产评估机制的政策

1. 国家层面的政策

早在 2006 年，财政部、国家知识产权局共同颁布《关于加强知识产权资产评估管理工作若干问题的通知》，其对进一步完善知识产权资产评估管理、引导知识产权的评估行为有着重要的指导意义。

2. 地方层面的政策

例如，2010 年，在中国资产评估协会的授权下，上海市资产评估协会制定了《上海市知识产权质押评估实施办法（试行）》和《上海市知识产权质押评估技术规范（试行）》，开启了地方对知识产权评估机制的探索。

（四）培育知识产权质押物交易市场的政策

关于培育知识产权质押物交易市场，国家层面出台了相关政策。2007 年，国家发展和改革委员会、科学技术部、财政部、国家工商行政管理总局等联合出台的《建立和完善知识产权交易市场指导意见》在规范知识产权交易行为、改进知识产权交易配套服务、构建多层次知识产权交易市场体系发挥了重要作用。此外，国家知识产权局还下发了《关于加强 2016 年度知识产权市场管理与服务工作的通知》，有效促进知识产权投融资、专利保险、专利价值分析推广应用、专利奖评选以及展会工作。①

（五）促进某一类知识产权质押的政策

1. 国家部门层面的政策

例如，早在 2001 年，国家知识产权局便出台了《关于加强地方专利管理工作的若干意见》，提出要充分发挥专利作为财产和资本在融资中的作用，积极开展知识产权质押工作的意见。

2. 地方层面的政策

第一，关于知识产权质押的政策。各地方政府和部门对于知识产权质押的政策出台的时间较为集中。例如，北京于 2005 年出台《北京市专利保护和促进条例》，并于 2013 年对其进行了修订，先后提出了支持金融机构开展专利质押业务，创新专利质权处置机制，建立质押贷款和风险补偿机制，鼓励拥有专利的企业利用资本市场融资等意见和要求。随后，为进一步拓宽企业融资渠道，规范专利权质押贷款管理，2009 年，厦门市知识产权局、中国人民银行厦门市中心支行、中国银行业监督管理委员会厦门监管局出台《厦门市专利权质押贷款工作指导意见（试行）》；同年，重庆市科学技术委员会、市财政局、中国银行业监督管理委员会重庆监管局、市知识产权局出台《重庆市知识产权质押贷款贴息暂行办法》。

第二，关于商标专用权质押的政策。部分省市为商标专用权质押制定并出台了专门的规定，例如，2008 年，福建省工商行政管理局、中国人民银行福州中心支行、中国银行业监督管理委员会福建监管局出台了《福建省商标专用权质押贷款工作指导意见》，旨在促进和支持具有商标品牌优势的企业，缓解

---

① 田力普：《积极实施国家知识产权战略 创新发展知识产权资产评估事业》，载于《中国资产评估》，2007 年第 12 期，第 8~9 页。

其经营资金不足的问题，规范商标专用权质押贷款管理。随后，2010 年，青海省工商行政管理局、中国人民银行西宁中心支行、中国银行业监督管理委员会青海监管局共同出台《青海省注册商标专用权质押贷款工作指导意见》，进一步支持具有品牌优势的企业拓宽融资渠道，规范注册商标专用权质押贷款管理，服务经济发展。

第二节　知识产权质押的法制与供给失衡

一、知识产权质押之性质——名不符实

（一）质押与抵押之概念解析

质押和抵押作为两种重要的担保类型，在我国《担保法》中以对债的担保的方式出现，在我国《物权法》以物的担保形式出现。

抵押指债务人或第三人不转移抵押财产的占有而将该财产作为债权的担保。当债务人不履行债务时，债权人有权依照法律规定以该财产折价或者以拍卖、变卖该财产的价款优先受偿。① 抵押标的物范围较为广阔，可以是不动产、部分动产和土地使用权等权利。依据抵押标的物的不同，可将抵押划分为动产抵押、不动产抵押和权利抵押。但我国《担保法》未单独规定权利抵押，因此通常适用一般抵押权的规定。

质押是债务人或第三人将其物或权利移交债权人占有，将该物或权利作为债权的担保。债务人不履行债务时，债权人有权依照本法规定以该物或权利折价或者以拍卖、变卖该动产的价款优先受偿。② 质权的成立须以质押标的的占有转移为前提。根据质押标的的不同，质押可划分为动产质押和权利质押。权利质押的标的物是所有权和不动产用益物权以外的权利，如股权、债权、知识产权中的财产权利等。③

由此可见，抵押与质押两者的本质区别即是否以转移财产的占有为前提。

---

① 参见我国《担保法》第 33 条和第 34 条。
② 参见我国《担保法》第 63 条和第 75 条。
③ 苗慧：《权利质押初探》，载于《河北法学》1996 年第 1 期，第 44～45 页。

而占有则意味着占有人对质押财产在事实上的控制与支配。而占有制度通过占有人对物的控制与支配欲追求的效果就是发生权利推定。动产权利的推定方式为占有，不动产权利的推定方式为登记。当动产适用占有制度，适用权利推定的后果即占有人为该动产的权利人。但对不动产的占有来说，并不能与动产的占有产生相同的权利推定后果。因为作为特殊的物，不动产的权利以"登记"为准，而不适用占有的权利推定。对于作为无体物的权利而言，其可否成为占有的标的在学术界存在着不同的观点。部分学者认为权利不可以占有，因为其并不能具有占有后的权利推定效力。但有些学者认为权利可以占有，并将其称之为"准占有"①，其与有体物占有的区别在于其不发生对财产权的支配。

（二）知识产权质押与知识产权抵押之混淆

依据民法物之划分的理论通说，可将物分为动产和不动产两类。但权利通常被视为无形财产权，在"物的二分法"情境下，其勉为其难地被划至于动产类型。因此，我国《担保法》和我国《物权法》均将权利质押归属于动产质押之中，并且规定权利质押准用动产质押的规定，这就导致了作为权利的一种的知识产权质押的制度设计就有天生的缺陷。

权利抵押与权利质押，二者有很多相同之处，如二者均是一种债权的担保形式，均以权利中的财产权为标的，均可以发生优先受偿的效力。但二者有更多不同：第一，二者的设定方式不同，权利抵押以登记为其设定方式，否则不发生抵押的效力或不产生对抗第三人之效力；而权利质押以交付和登记为设定方式，非经交付或登记不成立质权或不产生对抗第三人效力。第二，二者的标的不同，权利抵押以不动产用益权或准物权为标的，而权利质押的标的仅包括所有权和不动产物权之外的权利。第三，是否转移标的物不同的占有，权利抵押不转移标的物的占有，而权利质押需要转移标的物的占有。

从上述的比较中可知，权利抵押与权利质押在设定形式与标的范围上，并没有本质上的区别。其最关键的不同在于是否转移标的物的占有。但根据我国《担保法》的规定，权利出质后，出质人不得转让或者许可他人使用，但经双方协商同意的可以转让或者许可他人使用。② 这就意味着立法欲通过对出质人享有的对标的物的权利进行限制，来达到使质权人控制质押标的的效果。

因此有学者认为，基于我国《担保法》和《物权法》对知识产权质押的规

---

① 梁慧星：《中国物权法研究》，法律出版社 1998 年版，第 1146 页。
② 参见我国《担保法》第 80 条。

定，知识产权质押的实质为知识产权抵押，因此建议将知识产权质押直接更名为知识产权抵押，并将其归属于权利抵押中的一种类型。但我们认为，知识产权抵押和知识产权质押二者在本质上还是可以进行区分的：第一，知识产权抵押和知识产权质押出质人的权利不同。在知识产权抵押中，抵押人可以继续使用抵押标的并行使抵押标的的收益权。但在知识产权质押中，出质人在没有经过质权人的同意前，无权继承行使质押标的的收益权和处置权。第二，在知识产权抵押中，知识产权的所有人或权利人，在知识产权标的抵押后，依旧可以将该知识产权设定重复抵押和再抵押。① 但是在知识产权质押中，知识产权的所有人或权利人，没有权利再对该知识产权进行重复质押或再质押。第三，抵押权人或质权人的义务不同。因为适用知识产权抵押制度时，抵押权人不需要对知识产权标的进行转移占有，所以抵押权人无义务承担保管抵押财产的义务。如果适用知识产权质押制度，质权人有义务保管质押财产。但从理论上讲，知识产权质押期间，如果出质人或质权人双方都不能使用该质押标的时，该质押应当属于知识产权的质押。如果出双方中有任意一方可以使用该质押标的时，那么该质押则应该属于知识产权抵押。因此，立法忽略了知识产权质押与知识产权抵押的区别。

二、知识产权质押的立法供给——供不应求

（一）立法体系不完善

关于我国知识产权质押的立法体系的不完善之处表现为以下几点：

1. 分散立法

我国知识产权质押的规定散见于我国《担保法》《物权法》和《合同法》以及相关行政法规、司法解释、部门规章和地方性法规等规范性文件中。第一，我国《担保法》《物权法》和《合同法》中仅对知识产权质押进行了原则性的规定，且内容不全面。例如，我国《担保法》和《物权法》中仅对可质押的知识产权种类及范围、知识产权质押的设立、知识产权质押的效力做了简单规定。

第二，虽然《注册商标专用权质权登记程序规定》《专利权质押登记办法》《著作权质权登记办法》等规定或办法，对注册商标权、专利权和著作权的质

---

① 参见我国《物权法》第 199 条。

押的具体规则做了较为详细的规定。但其从本质上来讲并不是法律，也不是法规，只是部门规章。根据我国《物权法》"物权法定"原则，对于物权的创设、物权的种类、物权的内容及效力等均应由全国人大常委会通过的法律进行规定，因此前述 3 个部门规章中的知识产权质押的登记方式、登记事项、受理时间、予以登记和不予登记的条件、生效时间、注销登记、变更登记等内容，均应回归立法规定。

第三，我国还有《植物新品种保护条例》《集成电路布图设计保护条例》及《集成电路布图设计保护条例实施细则》等法律规范，均涉及了知识产权的质押。

第四，我国《商标法》《专利权法》和《著作权法》，作为专门的知识产权法律，对知识产权质押未做任何规定，实为知识产权质押立法之一大缺漏。综上所述，我国关于知识产权质押的立法，太过于分散，不利于民众知法用法守法护法。

2. 立法空白

第一，关于知识产权质押标的的立法空白。根据我国《物权法》的规定，依法可转让的注册商标专用权、专利权、著作权等知识产权中的财产权可以出质。由此可知，我国《物权法》规定的可质押的知识产权范围不仅仅包括注册商标权、专利权和著作权这三类，还应该包括植物新品种权、集成电路布图设计权、商业秘密权、域名权等其他具有财产权性质、可转让的知识产权。但由于采取的是单行法的立法方式，我国仅对注册商标权、专利权和著作权的质押进行了规定，造成了其他知识产权质押的立法空白，使得其他各类的知识产权质押缺乏法律依据。

第二，关于知识产权质押双方权利人的立法空白。对于我国《担保法》和《物权法》来讲，其作为实体性法律，只有对知识产权质押当事人之间的权利义务进行具体的规定，才能较好地指引当事人依法行使权利、依法履行义务，维护社会市场经济秩序。但是我国《担保法》和《物权法》对知识产权质押双方当事人的权利义务均呈现出立法空白。

第三，关于知识产权质权的实现方式呈立法空白。作为以特殊标的设定的担保方式，虽然知识产权质权的功能同样是为了保障债权到期后，如果债务人不清偿债务可以行使质权以清偿债务。但是知识产权不同于一般的动产或权利凭证等权利标的，知识产权的质权行使方式、程序等规则（如拍卖、公交交易、收益提存等）与其他质权都有本质上的不同，但我国立法却未做任何专门规定。

（二）立法内容不全面

1. 知识产权质押立法不全面

第一，规定知识产权质押的法条屈指可数。在我国《担保法》和《物权法》中，专门涉及知识产权质权的条文只有2个，即第223条和227条，且2个条文的内容均涉及知识产权质押的设立，其中一条的内容是可质押的知识产权范围，另一条的是知识产权质押设立的条件及效力，内容非常简略而粗糙。

第二，我国《物权法》相较于《担保法》来说，仅将知识产权质押合同的登记生效主义改为知识产权质权登记生效对抗主义，此外并无实质意义上的进步。除知识产权设计的规定，该法对知识产权设立的评估（评估机构的权利与义务、程序等）、知识产权的质押登记（登记机关、登记机关的权力与职责、登记的事项内容、登记的类型与法律效力等）、知识产权质押监管（监管主体、监管主体的权力与职责、监督的法律效力）、知识产权质押的效力范围（质押双方当事人的权利与义务、质押担保范围等）、质权实现的方式（拍卖、公共交易、收益提存等）等均未有相关规定，使得知识产权质押在实践操作过程中无法可依。

2. 知识产权质押标的范围狭窄

我国立法对知识产权中可质押的标的的范围的规定存在如下不足。

第一，我国《物权法》第223条虽然采用列举式与概括式结合的立法体例，但法条描述粗略，有挂一漏万之嫌。具体而言，其列举范围仅限于重复我国《担保法》第75条规定中的"注册商标专用权、专利权、著作权"，这使得可质押的知识产权的标的范围依然较为狭窄。

第二，根据我国签订的《与贸易有关的知识产权协议》《关于集成电路的知识产权条约》和《保护植物新品种国际公约》等公约，商业秘密权、集成电路布图设计权和植物新品种权等均属于可质押的知识产权，但我国立法均未对其作明确规定，更缺乏相应种类的知识产权质押登记的操作规则，限制了我国可质押知识产权的融资功能的发挥。

3. 知识产权质押的效力不完善

第一，知识产权质押双方当事人的权利义务不平衡。一方面，知识产权的质权人的权利内容有两项，一是对质押标的转让或许可他人使用的同意权，二是对质押标的转让费、许可费的优先受偿权。[①] 此外，法律未对质权人的义务

---

① 参见我国《担保法》第80条。

做任何规定。另一方面，我国《担保法》对知识产权出质人的权利的立法呈现空白，仅规定了其义务为未经质权人同意前，不得擅自转让或许可他人使用质押标的。而我国《物权法》第 227 条在知识产权质押双方当事人的权利义务内容上与我国《担保法》基本保持一致。① 由此可知，在双方当事人的权利设置方面，我国《担保法》作为债的法律规范，其最终的目标是保障债权的实现。因此，我国《担保法》为了最大限度上保障债权人的债权安全，仅对质权人的权利有所规定，却对出质人的权利只字不提。

第二，知识产权质押双方当事人的权利义务不完整。一方面，对知识产权的出质人而言，我国《担保法》和我国《物权法》不仅未授予出质人重复质押权，以及出质人对同一知识产权设置多个质押的权利，同时限制了出质人转让或许可他人使用质押标的物的权利。就知识产权质押标的物而言，如果限制其在流转和使用过程中的自由，则会很大程度上禁锢了其价值，也限制了知识产权出质人的自由。另一方面，对知识产权的质权人而言，我国《担保法》和《物权法》中并未明确规定知识产权质权人实现质权的方式。因为质押的功能就是为了保障债权的实现，当出质人无法履行到期债务时，立法对如何将质押标的变现用以清偿债权如此重要的环节未作规定，必然在很大程度上削弱知识产权质押的效用，实属立法之遗憾。

第三，知识产权质权的效力范围不明确。一是根据我国《担保法》规定，除当事人另有约定，质押担保的范围包括主债权及利息、违约金、损害赔偿金、质物保管费用和实现质权的费用。② 且依据我国《担保法》的规定，质权的效力范围包括质物所生的孳息和代位物，而作为权利质押的知识产权质押，在无特殊规定时准用动产质押的相关规定。③ 但由知识产权与一般动产有本质上的区别，因此并不能简单套用动产质权中关于质权效力范围的规定。但对于知识产权质权的效力范围，法律并没有明确规定。二是在动产质押中，知识产权的效力范围通常及于质物的从物。但对于知识产权而言，每一个知识产权均是独立的，不存在从物之说。但以作为质物的知识产权为基础，出质人又通过技术改进或其他手段取得成果而获得的知识产权，是否为该知识产权质权的效力所及的范围所涵括，我国法律也未作规定。

---

① 参见我国《物权法》第 227 条。
② 参见我国《担保法》第 67 条。
③ 参见我国《担保法》第 68 条和第 70 条。

4. 知识产权质押登记公示冲突

第一，分散多头登记增加了知识产权质押的成本。我国《物权法》规定，"质权自有关主管部门办理出质登记时设立"①。可见，我国立法中并未明确规定知识产权质押的登记机关。但是由于我国行政机关分类设置的缘故，商标专用权、专利权和著作权的登记工作分属于国家工商行政管理总局商标局、国家知识产权局和国家版权局。实际上，知识产权质押登记呈现出"多头分治"的特点，需要根据不同的知识产权类型，确定不同的知识产权质押登记机关。如此一来，知识产权质押双方需要根据质押标的的不同，分别确定不同的登记机关、适用不同的登记规范以办理质权登记，这不仅没有体现行政部门"一站式"服务的原则，造成相关资源的浪费，也会增加办理多种知识产权质押登记的成本。

第二，规章内容重复，浪费有限的立法资源。从《注册商标专用权质权登记程序规定》《专利权质押登记办法》《著作权质权登记办法》3 个部门规章的内容来看，虽然办理的是不同类型的知识产权质押登记，但登记程序中的内容大多相同。例如：①在出质登记的客体方面，均规定登记的客体是相关知识产权质权。②在登记申请方式方面，均要求知识产权质押双方共同申请，可以自行直接办理或委托他人或代理机构办理，以共有的知识产权办理登记的，应当取得全体共有人同意，另有约定除外。③在办理质权登记应提交的文件方面，均要求提供双方当事人的主体资格证明材料、质权登记申请表、质押合同、委托代理的委托书、知识产权的价值评估报告以及其他资料。④在质权合同的主要内容要求方面，均规定质押合同应包含当事人的信息，被担保债权的种类、金额及履行期限，知识产权的名称、编号、保护期，质押担保的范围及其他事项。⑤在知识产权质押登记簿登记事项方面，知识产权质押登记簿登记内容包括出质人、质权人、知识产权质押标的编号、登记日期等。⑥在不予办理质权登记的情形方面，出质人不是质押标的的权利人（含权属有争议的），质押登记的标的已终止（注销、有效期满未续展）或被宣告无效（被撤销）或保护期届满的（超过有效期限），或者其他不符合出质条件的。⑦在撤销和注销知识产权质押登记的情形方面，均规定质押期间如果发现有骗取登记、质押合同无效或存在其他符合不予办理的情形应撤销质权登记；除《注册商标专用权登记办法》未具体规定注销登记的情形，其余均规定主债务已履行完毕、质权实现、质权人放弃质权或其他情形可以注销。综上所述，3 个规范性文件中对知

---

① 我国《物权法》第 227 条。

识产权质押登记的内容高度一致，却又以知识产权的类别进行专门立法规定，造成了知识产权质押程序规定的烦琐，质押登记效率低下，也不利于使用不同种类的知识产权"打包"或分别进行质权登记。

第三，审核期限不一，不利于登记管理工作的开展。《注册商标专用权质权登记程序规定》中规定，符合商标专用权的质权登记的，商标局受理登记之日即为登记日期，并于登记日期 5 个工作日以内发放《商标专用权质权登记证》；而《专利权质押登记办法》中规定，国家知识产权局审核专利权质押登记的期限为 7 个工作日以内，审查合格的，予以登记并发送《专利权质押登记通知书》；而《著作权质权登记办法》中规定，申请人提交的材料符合规定的，登记机关自受理之日起 10 日内完成登记，并发放《著作权质权登记证书》。

第四，登记办理方式单一，登记人只能到登记机构的登记窗口办理知识产权质权登记。随着社会信息交流渠道的丰富和便捷，为了节约知识产权质权登记成本，应丰富知识产权质权登记方式，除了线下登记机关窗口登记外，还应该开设知识产权质权登记网络平台，便于知识产权质权申请人以更便捷高效的方式完成知识产权质权登记程序。

第五，缺乏知识产权质权登记公示平台。一方面，缺少知识产权质权登记的相关信息查询渠道，知识产权质权登记的法律依据、登记的具体流程及期限、应提交的材料清单、是否受理登记的具体条件、撤销变更或注销知识产权质权登记的条件等信息没有统一的公示平台予以提供以便相关人员查询使用，不利于快速推进知识产权质权登记工作的开展。另一方面，缺少对已登记的知识产权质权进行公示查询的渠道，出质权和质权人以外的利害相关的第三人，如果想要了解某一知识产权质权登记的情况，却没有相关信息的查询平台，这增加了相关人员的信息了解成本。

5. 动产质押规则的不适用

我国《物权法》第 229 条规定"权利质权的除适用本节规定以外，适用本章关于动产质权的规定"。但无论从理论上还是从实践中来看，在知识产权质押的评估、处置等规则缺少专门的规定的情况下，转而套用关于动产质权的规定实有不妥。

第一，关于知识产权质押的评估规则。知识产权质押标的的价值评估，涉及双方当事人的切身利益，对于知识产权质押的设立、知识产权质押的安全、知识产权质权的实现都事关重大。但基于知识产权其无形财产的特殊属性，知识产权的评估相较于一般财产来说，考量的因素、评估的方法均应有所不同。立法上对知识产权评估规则的缺失，导致实践中只能套用有形财产的评估规则。但是一般有形财产的评估方法，如收益现值法、现行市价法、清算价格法等，均不能全面合理地评估知识产权的价值。这就导致在实践过程中，银行往往按照知识产权评估值的 30%～40% 进行贷款金额的发放，与有形财产 70% 的贷款比率相比，这不仅突显了银行对知识产权质押的审慎态度，也反映出银行对评估机构对知识产权的评估结果持怀疑态度。此外，我国知识产权评估责任制度同样缺乏，这使得在因故意或重大过失导致评估结果严重失真，导致质押双方当事人产生经济损害的情况发生时，追究相关评估机构和评估人员的责任也缺乏法律依据，有失公平。虽然我国财政部、国家知识产权局先后下发了《资产评估准则——无形资产》和《关于加强知识产权资产评估管理工作若干问题的通知》等指导性文件，由于这些文件只是对评估标准和方法做了简单规定，和因知识产权权利因种类不同而产生的特殊的评估要求相比，其太过于原则化，缺少可操作性。

第二，关于知识产权质权实现的规则。根据我国《担保法》第 63 条和我国《物权法》第 219 条的规定，当出质人到期不履行债务时，债权人实现质权的方式可以是与出质人协商将该动产折价受偿，或者是以人民法院拍卖、变卖的价款优先受偿。未有知识产权质押实现的特殊规定而准用上述规定时，则意味着知识产权质权目前的实现途径即为折价、拍卖或者变卖。但是在实践中，上述两种情形都很难行得通：①折价。通常情况下，质权人（债权人）是银行或者其他金融机构，在其从事的行业与质押的知识产权没有任何关联性的前提下，质权人不会与出质人协商折价获取该知识产权。当质权人折价后可再将该知识产权变卖或者拍卖给第三人时，"折价"不仅多此一举，而且面临的风险会更大。②拍卖或变卖。即使质权人向人民法院申请拍卖或变卖作为质押标的的知识产权，由于我国知识产权交易市场的匮乏，知识产权交易信息的不通畅，人民法院又将该知识产权放置于何处进行变卖？此外，不论是折价还是变卖，都需要参照市场价格。问题是一方面，知识产权市场不完善，交易对象、交易平台都难寻，何谈知识产权的市场交易价格；另一方面，由于知识产权价值的稀缺性、价值的浮动性、价值评估的不准确性等因素，知识产权的交易价格就是水中花、镜中月。

三、知识产权质押的制度配套——残缺不全

（一）知识产权质押的评估制度不足

根据上文可知，虽然我国已出台了《资产评估准则——无形资产》《专利资产评估指导意见》（2009 年）、《著作权资产评估指导意见》（2011 年）和《商标资产评估指导意见》（2012 年）等规定，但其中确定的成本法、收益法和市场法这 3 种无形资产评估的方法，在具体而复杂的知识产权评估需求面前，亦是困难重重。我国目前知识产权质押的评估制度的不足体现在以下几个方面：①在资产评估规则中，知识产权作为无形资产的一部分，其价值评估尚未被重视或经常被忽略。因此，在企业需要将其所有的知识产权如商标专用权、专利权等出质时，之前的企业资产评估中因缺少相关知识产权的评估，在质押担保时，缺少对该项知识产权进行评估的基础或依据，增加了知识产权质押评估的难度和成本。②知识产权评估方法适用条件不明确。虽然根据《资产评估准则——无形资产》第 24 条的规定，可知知识产权价值评估的方法有三种，即收益法、市场法和成本法。但在实际的评估案例中，评估人员应该采用哪一种或哪几种方法并没有具体要求或约束规则，使得其难以确保使用到正确的评估方法，并且每一种评估方法对知识产权价值的估算结果可能相距甚远。从而无法准确地给出知识产权应有的价值。③知识产权评估结果对知识产权交易或质押的价值。对于知识产权评估的结果，立法中并未确定其应作为知识产权交易的价格还是知识产权交易谈判的依据；此外，立法亦未规定知识产权质押时，知识产权的评估结果应如何影响或在何种程度上影响知识产权质押的设立，这不利于知识产权价值评估结果的合理运用。④知识产权评估人员的准入标准过于原则。根据我国《资产评估准则——无形资产》第 8 条①的规定，无形资产评估人员仅要求应具有相关专业的知识及评估经验。但在实践中，特别是在知识产权的评估中，评估人员应具备专业性和技术性的经验或能力，并有着法学、市场学、会计学、工程技术学等多领域多学科的常识背景和专业经验，很难量化或准确地确定什么范围内的知识与评估经验是与无形资产评估相关的专业知识及评估经验。如此就很难保证无形资产的评估人员能够胜任知识

---

① 我国《资产评估准则——无形资产》第 8 条规定："注册资产评估师执行无形资产评估业务，应当具备无形资产评估的相关专业知识及评估经验，具备从事无形资产评估的专业胜任能力。"

产权的评估工作。

（二）知识产权交易市场不完善

第一，我国目前欠缺全国性的有效的知识产权交易的信息平台，导致知识产权交易主体缺少有效的知识产权信息沟通与交流渠道，使得知识产权交易潜在的主体无法及时、有效获取知识产权交易的相关信息，不利于促进知识产权的交易。

第二，知识产权质押债权担保功能决定了知识产权质权的实现需要有一个运营良好的、高效的、活跃的知识产权交易市场。因为一个公开的、完善的知识产权交易平台，可以加快知识产权质押标的的处置速度，分散或转移知识产权质押的风险，降低知识产权质权人的债权实现风险。否则，没有完善的交易市场作为媒介，则知识产权质权的实现就是一张空头支票，难以兑现。

第三，我国知识产权交易平台还处于起步探索阶段，知识产权交易机构存在定位和服务对象不清，交易方式单一，缺乏有效的知识产权交易的功能定位、运行模式、人才保障机制等方面制度保障等问题，知识产权交易总量和效率均不高。

（三）知识产权质押的中介服务

第一，知识产权质押的中介服务资源开发不足。针对知识产权质押的中介服务，我国目前在政策法规、信用服务、融资担保、保险服务、法律服务和资格认证等方面的服务资源，对知识产权交易的促进和保障作用发挥尚不明显，特别是知识产权代理机构、会计师事务所、律师事务所、风险投资公司、知识产权保险机构等在针对与知识产权质押相关的服务业务上还有待大力开发。

第二，知识产权质押的中介服务机构规范管理不到位。针对知识产权质押的中介服务机构，在知识产权质押的政策法规、执业能力建设、从业人员专业素养等方面缺乏统一的规范和管理机制。

（四）知识产权质押的监管制度

第一，知识产权质押设立前的监管制度缺失。一是知识产权质押对债务人的债务履行能力的审查标准欠缺。知识产权质押设立的目的就是为了保障主债权的实现。在知识产权质押的实践中，债务人通常是知识产权的出质人，债权人即知识产权质权人。如果在知识产权质押设立前，债权人强化对债务人履行债务能力的审查，则可以有效地降低债务履行的风险。但在我国，一是目前缺少对债务人履行债务能力以及出质人处分知识产权质押标的之能力的审核标准。二是知识产权质押对担保的主债务的筛选标准欠缺。知识产权质押担保的主债务，其债务性质、债务类型、债务的合法性、债务的风险程度、债务数额等具体内容，均是影响知识产权质押成立与否的关键。但在我国知识产权质押的过程中，并没有相关的监管制度对知识产权质押担保的主债务性质及类型等内容作具体要求，导致知识产权质押的风险较大。

第二，在知识产权质押设立中的监管制度缺失。知识产权质押标的的安全监管缺失。在知识产权出质期间，虽然我国《物权法》第227条和174条分别规定了出质人在知识产权质押标的上的权利的限制以及知识产权质押标的物的毁损或灭失的补救措施，在一定程度上对知识产权质权人的权益进行了周全的保护。但立法遗漏了非常重要的一个监管事项，即知识产权的合法性和安全性，还有一个重要的影响因素，即知识产权的特殊性，如专利权或商标专用权等，可以因为出质人的行为而终止，进而导致知识产权丧失其应有的价值，从而损害知识产权质权人的合法权益。

第三，知识产权质押设立后的监管制度缺失。一是缺少知识产权质权人对质押标的的价值变动情况进行跟踪监控方面的制度保障。因为只有完善的监督制度，才能保证知识产权质权人能够及时发现知识产权质押标的出现价值减损致使其价值不足以担保债权的情形，从而及时采取措施以降低风险，比如要求知识产权出质人增加担保或提前清偿债务。二是缺少知识产权交易市场监管。在债务人到期不履行债务时，知识产权质权人可以依法对知识产权进行变卖以实现质权。而对知识产权的变卖只能通过知识产权交易市场来实现。针对知识产权交易市场的监管，虽然我国在《建立和完善知识产权交易市场的指导意见》中明确规定了对知识产权市场的监管政策，但该政策位阶太低，且内容较为原则化，可操作性不强。此外，针对知识产权交易市场行为的监管，理应从立法层面提供法律制度保障，不能仅靠政策的引导，其效果还有待加强。

第六章　知识产权质押实效提升的法治构建

第一节　提升知识产权质押实效法治构建的国外立法案例借鉴

一、美国知识产权质押立法考察与评析

（一）知识产权质押的立法考察

美国有《美国专利法》《美国版权法》和《美国商标法》等专门的知识产权联邦立法。《美国专利法》和《美国商标法》并未规定是否允许设定及如何设定质押担保的内容，只有《美国版权法》规定了按照版权的转让、按揭、抵押等方式进行权利转移时，需要将有关书面文件在版权局登记。①

美国基于英国的财产法理论，将动产分为"占有物"和"诉体物"。而知识产权等无形财产也属于诉体物，同样可以适用动产的担保规则。美国传统的担保制度包括质押、附条件买卖、按揭、信托收据等形式，但由于各担保形式成立的条件和程序各异，且赋予当事人之间的权利义务不同，不利于担保的适用。② 因此，1952 年美国统一州法委员会和美国法学会共同起草了《美国统一商法典》（下文简称 UCC）③，在该法典第 9 编"担保交易"中以"担保权"统称动产上设立的各种形式的担保权，系统地规定了担保权成立、公示和效力等内容。UCC 于 1998 年进行最后修订后，2001 年美国所有州都采用了其第九

---

① 孙新强、于改之译：《美国版权法》，中国人民大学出版社 2002 年版，第 101 页。
② 高圣平：《动产担保交易制度比较研究》，中国人民大学出版社 2008 年版，第 53～56 页。
③ 美国法学会，美国统一州法全国委员大会编著，石云山等译：《美国统一商法典》，上海翻译出版公司 1990 年版。

编关于担保权的规定。因此以下关于美国知识产权质押的立法考察，主要集中于 UCC 中的相关规定。

1. 担保权的标的

美国 UCC 规定，其动产担保的适用标的范围包括货物、单据、票据、一般无形财产、动产文书或账目等。[①] 其中，一般无形财产是指任何动产（包括权利上的财产），但不包括货物、账目、动产文书单据、票据和货币。[②] 由此可知，一般的无形财产包括且不限于专利权、商标权和著作权、商业秘密、集成电路布图设计等。

2. 担保权的形式种类

担保权适用的合同范围包括涉及质典、让与、动产抵押、动产信托、信托契据、代理人留置权、设备信托、附条件销售、信托收据、其他保留留置权或所有权合同和旨在为担保的租赁或寄售设定担保权益的合同。[③]

3. 知识产权担保设立的形式

只要担保权人与债务人签署担保协议后，担保权益发生且具有可强制执行性，担保权人可就担保物对债务人或第三人强制执行担保权益。[④] 由此可知，美国知识产权担保的设立，只能采用书面担保协议设立。

4. 担保协议的一般效力

除 UCC 另有规定，根据当事人之间的协议条款，担保协议具有对抗担保物购买人和债权人的效力。且无论担保物的所有权归属于担保权益人还是债务人，关于担保协议的权利、义务和补救的各项规定均适用。

5. 担保协议双方当事人的权利义务

第一，担保权益人享有担保物的收益，其中"收益"包括对担保物或收益进行销售、交换、收益或其他处分时收到的任何东西。[⑤] 由于担保物的灭失而支付的保险费是收益，但保险费是向非担保协议当事人的人支付时除外。收益可以是现金收益，也可以是非现金收益。

第二，债务人对担保物的权利，可因得因（销售、设定担保权益、担保权益的发生、征收、扣押或其他司法程序的方法）而自愿或非自愿地进行转让，

---

① UCC 第九编 102 条。
② UCC 第九编 106 条。
③ UCC 第九编 102 条。
④ UCC 第 9 编 203（1）条。
⑤ UCC 第 9 编 203、306 条。

尽管担保协议禁止转让或认为所作转让将构成违约。[①]

第三，冲突担保权益按照备案或完备时间的先后依次排列。假如在既未备案又未完备时无依据的期限内，则担保物第一次备案的时间或担保权益第一次完备的时间，无论哪一个时间在先，即为优先权起算日期；只要冲突担保权益尚未完备，首先对财产发生的担保权益具有优先权。[②]

6. 担保权益的备案

为使担保权益完备，知识产权担保应在州务卿的办事处进行备案。[③]

7. 债务人不履行义务

第一，当债务人不依照担保协议行为时，担保权益人享有本节规定的权利和补救。担保权益人可以使其权利主张成为判决，取消回赎权，或另行通过可行的司法程序使担保权益强制执行。[④]

第二，债务人不履行义务后：一是担保权益人可以按当时的条件遵循商业上合理的准备或程序，出售、出租或以其他方式处置任何部分或全部担保物，且处置的收益应按下列顺序用于：①用于出售等的合理费用，并且在协议规定的法律没有禁止的情况下，用于合理的担保权益人承担的律师费和法定开支；②清偿据以处置的由担保权益保证的债务；③如果担保权益保证一项债务，担保权益人必须向债务人说明所有盈余，并且除另有约定者外，债务人对任何不足承担责任。二是担保物的处置可以公开或私下进行，并且可以通过订立一个或者一个以上的合同的方式进行；出售或其他处置可以整体或分批地按任何条款在任何时间和地点进行，但处理的每个方面，包括方法、方式、时间、地点和条件，必须在商业上是合理的；如果在不履行义务后债务人并未签署一项放弃或改变其得到销售通知的权利的声明，则其应就公开售卖的时间和地点，或者就将要进行的私下销售或其他有目的的处置的时间，向债务人发送合理的通知；三是在担保权益人已经处置担保物或已缔结处置合同之前的任何时间，或在债务已得到清偿之前的任何时间，债务人或任何其他担保权益人，除另有约定者，在不履行义务后，可以清偿由担保物担保履行的全部债务，并且在协议中已规定的和不为法律禁止的情况下，通过对其合理的律师费和合法开支的清偿，以书面赎回担保物。[⑤]

---

① UCC 第 9 编 311 条。
② UCC 第 9 编 312（5）条。
③ UCC 第 9 编 401 条。
④ UCC 第 9 编 501 条。
⑤ UCC 第 9 编 504 条。

（二）美国知识产权质押立法的评析与借鉴

1. 美国知识产权质押立法的评析

第一，UCC 未单独规定知识产权的质押，而是采取"担保权"统称的在动产上设立的各种形式的担保权，涵盖了质典、让与、动产抵押、动产信托、信托契据、代理人留置权、设备信托、附条件销售、信托收据、其他保留留置权或所有权等担保的众多形式，统一规定担保的设立、变更、消灭及当事人之间的各项权利义务，节约了立法资源。

第二，质押标的范围较广。UCC 规定只要是一般的无形财产均可作为担保权的标的，即可质押的知识产权范围非常广泛。

第三，UCC 对债务人不履行义务的处理方式规定得较为细致。首先，质权人可以通过司法程序或者非司法程序，或按照规定对质押标的进行处置，并且质权人处置质押标的时对债务人具有通知义务。其次，UCC 对质押标的物处置后所得收益用于清偿债务等各项费用的顺序也做了明确规定，可操作性较强。最后，在质物处置前的任何时间，债务人除清偿债务和债权人合理的律师费和合法开支，有权赎回质物。

2. 美国知识产权质押立法的借鉴

综上所述，从我国的基本国情出发，针对美国对知识产权质押的立法经验，我国可借鉴如下三方面：一是在立法模式上，可借鉴美国的立法，将知识产权担保方式统称"知识产权担保"，以此涵盖知识产权的质押权、抵押权和留置权，从而节约立法资源，优化立法模式。二是在质押标的的范围上，可借鉴美国立法，允许将可转让的知识产权均作为知识产权质押的标的。三是明确规定在债务到期后，债权人实现质权的方式、处置质押标的后所得价款清偿各种费用的顺序，以及债务人对质押标的的赎回权。

二、日本知识产权质押立法评析与借鉴

日本知识产权质押的立法采取了分散的立法模式。一方面，《日本民法典》[①] 第九章质权对知识产权质押做了原则性规定。具体而言，《日本民法典》第九章设置了"总则""动产质""不动产质"和"权利持"4 节内容，而知识

---

① 刘士国，牟宪魁，杨瑞贺：《日本民法典》，中国法制出版社 2018 年版，第 67~71 页。

产权作为无形财产，被规定在"权利持"一节的内容之中。此外，《日本民法典》第 362 条规定，关于权利质权，除本节规定外，只要不违反其性质，准用前三节（总则、动产质及不动产质）的规定。另一方面，各种类的知识产权质押的立法采分散立法模式，即其规定散见于《日本专利法》①《日本实用新型法》②《日本外观设计法》③《日本商标法》④《日本著作权法》⑤ 等多部知识产权专门立法。

（一）日本知识产权质押的立法

1. 知识产权质押的标的

第一，知识产权质押只能以可转让的知识产权为标的，并且该标的应为知识产权中的财产权。⑥

第二，根据日本《知识产权基本法》⑦ 的规定，知识财产是指发明、实用新型、植物新品种、外观设计、作品等由人类创造性活动产生的成果（包括具有产业处利用可能性的发现或者阐明的自然法则和自然现象），商标、商号等在经营活动中使用的表示商品或者服务的标记，以及商业秘密等对经营活动有用的技术信息和商业信息；知识产权是指专利权、实用新型权、植物新品种权、外观设计权、著作权、商标权等知识产权相关法律规定的权利以及与受法律保护的利益有关的权利。⑧

特别需要说明以下几点内容：一是著作权人享有的权利包括著作人人格权和著作权。其中，著作权包括复制权、演奏权、广播权、口述权、展览权等财产权内容。⑨ 二是仅限在取得专利权人承诺的情况下，专用实施权人可以在专

---

① 《日本专利法》，载于国家知识产权局条法司组织翻译：《外国专利法选择（上）》，知识产权出版社，2015 年出版，第 1～100 页。

② 《日本实用新型法》，载于国家知识产权局条法司组织翻译：《外国专利法选择（上）》，知识产权出版社，2015 年出版，第 101～147 页。

③ 《日本外观设计法》，载于国家知识产权局条法司组织翻译：《外国专利法选择（上）》，知识产权出版社，2015 年出版，第 148～184 页。

④ 李扬编译：《日本商标法》，华夏出版社，2011 年版。

⑤ 《日本著作权法》，载于《中外版权法规汇编》编写组编：《中外版权法规汇编》，北京师范大学出版社，1993 年出版，第 63～112 页。

⑥ 《日本民法典》第 344、362 条。

⑦ 陈红斌译：《日本知识产权基本法》//载于刘春田主编：《中国知识产权评论》第 2 卷，商务印书馆，2016 年出版，第 552～563 页。

⑧ 日本《知识产权基本法》第 2 条。

⑨ 《日本著作权法》第 17 条。

用实施权上设定质权或者对他人许诺通常实施权。① 三是当发生著作权的转让或与该著作权有关的著作物的使用时，著作权所有者应接受金钱或其他财物（含设定出版权的获得的对价报酬），亦可行使以著作权为标的的出质。但在其支付或交付之前，需要冻结接受上述钱物的权利。②

第三，关于共有著作权，各共有者未经其他共有者的同意，不得将所持份额作为质权的标的；各共有者只要无正当理由，不得拒绝同意或妨碍达与将共有著作权为标的设立质权的合意。③

2. 知识产权质押的担保范围

知识产权质权担保的范围包括本金、利息、违约金、质权实行费用及因债务不履行或质物有瑕疵而产生的损害赔偿。但是对设定知识产权的质押行为另有约定的，不在此限。④

3. 知识产权质押的登记

日本知识产权质押的登记制度，兼有登记生效主义和登记对抗主义的体现。一方面，以专利权及专用实施权、实用新型权及专用实施权、外观设计权及专用实施权、商标权及专有使用权为标的的质权，采用登记生效主义；而以专利权的通常实施权、实用新型的通常实施权、外观设计权的通常实施权和商标权的通常使用权为标的设立的质权，采用登记对抗主义。例如，《日本专利法》规定：①以专利权、专用实施权或者通常实施权为标的的质权之设定、转移、变更、消灭或者处分限制等内容须登记在特许厅保存的专利登记簿上，且专利登记簿的全部或者部分可用磁带（包括比照此方法能将一定事项切实记录保存之介质）制作。除本法外，有关登记的必要事项由下令条文规定；②以专利权或者专用实施权为标的的质权的设定、转移（继承及其他概括继承除外，但必须立即报告给特许厅长官）、变更、消灭（混同或者担保债权消灭的除外）、处分限制等，如不进行登记则不产生效力；③以专利权的通常实施权为标的的质权的设定、转移、变更、消灭、处分限制，若不进行登记则不能对抗第三者。⑤ 而《日本实用新型权法》《日本外观设计权法》《日本商标法》等专门规定了质权登记准用《日本专利权》的相关规定。⑥ 另一方面，以著作权为

① 《日本专利法》第 77 条第 4 款。
② 《日本著作权法》第 66 条第 2 款。
③ 《日本著作权法》第 65 条规定。
④ 《日本民法典》第 346 条。
⑤ 《日本专利法》第 27、98 和 99 条。
⑥ 《日本专利法》第 27、98、99 条，《日本实用新型权法》第 26 条，《日本外观设计权法》第 36 条。《日本商标法》第 34 条。

标的的质权的设定、转移、变更、消亡（不包括因混同、著作权或担保的债权的消亡）、处分限制时，若未进行登记，则不能与第三者对抗。①

4. 知识产权质押双方的权利义务

第一，质权人对知识产权质押标的的禁止实施。以专利权、专用实施权或者通常实施权为标的设定质权的，除合同另有约定外，质权人不得实施该项专利发明。②《日本实用新型权法》第 25 条、《日本外观设计权法》第 35 条、《日本商标法》第 34 条等专门规定了质权人对相关的知识产权作为质押标的时禁止使用或实施该知识产权。例如，以著作权为标的设定质权时，只要设定行为中无明确规定，该著作权应视为由著作权所有者行使。③

第二，物上代位权。知识产权质权有物上代位性。例如，质权人对以专利权、专用实施权或者通常实施权为标的的质权，对于因专利权、专用实施权或者通常实施权获得的对价，或者因专利发明的实施而专利权人或者专用实施权人应当接受的金钱及其他物品，均得以代位行使，但是，在支付或者交付前必须进行扣押。④《日本实用新型权法》第 25 条、《日本外观设计权法》第 35 条、《日本商标法》第 34 条等专门规定了质权登记准用《日本专利权》中质权之物上代位权的相关规定。

第三，质权人对知识产权人权利放弃的限制。日本规定了在知识产权出质期间，知识产权的相关权利人如要放弃该权利，必须以重复质权人的承诺为前提。例如，存在质权人时，仅在得到质权人的承诺时，专利权人、专用实施权人和通常实施权人才可以放弃其专利权、专用实施权或通常实施权。⑤《日本实用新型权法》第 26 条、《日本外观设计权法》第 36 条规定，仅在得到质权人的承诺时，实用新型权人或外观设计权人才可以放弃其实用新型权或外观设计权。

第四，转质权。质权人在其权利存续期间，可以在自己承担责任的前提下转质质权。但对于该种情形下转质发生的损失，即使是由于不可抗力造成的，也应承担责任。⑥

第五，通过合同处分质物的禁止。出质人不得以设定行为或债务清偿前的

---

① 《日本版权法》第 77 条。
② 《日本专利法》第 95 条。
③ 《日本著作权法》第 66 条 1 款。
④ 《日本专利法》第 96 条。
⑤ 《日本专利法》第 97 条。
⑥ 《日本民法典》第 348 条。

合同，使质权人取得作为清偿的质物的所有权，或使质权人不按照法律规定的方法处分质物。①

第六，物上保证人的求偿权。为担保他人债务而设定质权时，在清偿债务或因质权行使而丧失质物所有权的，根据有关保证债务的规定，对债务人享有求偿权。②

（二）日本知识产权质押的立法评析与借鉴

1. 日本知识产权质押立法的评析

第一，立法的体例较为合理。日本知识产权质押采取"总—分"的立法模式，在民法典物权编中对权利质押进行了原则性的规定，针对具体不同各类的知识产权的质押分别在各知识产权单行法中做出了细致的规定。这样的立法安排，从体例和逻辑上较为合理。

第二，质押标的范围较广。日本立法中可作为质押标的的知识产权范围较广，包括但不限于专利权、实用新型权、植物新品种权、外观设计权、著作权、商标权等知识产权。

第三，不同种类的知识产权质押登记的效力模式不同且较为复杂，容易混淆。例如，以专利权、实用新型权、外观设计权和商标权及其各自的专有使用权为标的的质权，采用登记生效主义；而以专利权、实用新型、外观设计权和商标权的通常使用权以及著作权为标的设立的质权，采用登记对抗主义。

第四，在知识产权质押期间，权利人放弃权利须以质权人的承诺为前提，可以有效保障知识产权质权的安全，较为合理。

2. 日本知识产权质押立法的借鉴

综上所述，从我国的基本国情出发，针对日本对知识产权质押的立法经验，我国可借鉴如下三方面：一是在立法模式上，可借鉴日本的立法，采取"总－分"的立法模式，节约立法资源，优化立法模式。二是在质押标的的范围上，可借鉴日本立法，扩大可质押的知识产权范围。三是明确规定在质权存续期间，知识产权权利人放弃权利时，要以质权人的同意为前提。

---

① 《日本民法典》第 349 条。
② 《日本民法典》第 351 条。

第二节　提升知识产权质押实效之立法完善

一、提升知识产权质押实效法治构建的价值取向

知识产权质押作为担保债权的经济法律制度之一，在促进社会经济发展，保障知识产权质押法律关系当事人的权益时，应坚持科学合理的价值取向，才能与众多的法律制度中协调有序地发挥其应有的作用。从知识产权质押制度的完善角度考量，其立法完善价值包括以下几点。

（一）公平价值

从公平价值的内容来看，其包括的法律制度应含有三个方面的内容：一是法律制度应将公平的立法理念贯穿于制度设计的始终；二是法律应给予法律关系的相关主体平等的保护；三是在权利义务内容的设计上要彰显"权利与义务相统一"的原则。具体而言，首先，在设计知识产权质押制度时，无论是在知识产权质押的设立、知识产权质押期间的权利义务分配，还是知识产权质权实现的方式选择上，均应以公平为立法理念。其次，在知识产权质押中，出质人和质权人的法律地位平等，法律应给予其平等的法律保护。最后，立法应平衡地配置知识产权质押各方的权益、义务和其应分担的风险，公平合理地设立权利救济途径和方式等。

（二）自由价值

自由价值是法律中非常重要的内容。在民事法律关系中其体现为"私法自治"和"合同自由"等原则。而投射到知识产权质押的法律关系中，即表现为两个方面：其一，知识产权质押的出质人和质权人，在不违反社会公共秩序和道德、不违背法律效力性强制规定的前提下，有自由根据自己的真实意思，选择质押合同的相对人，在法律规定的范围内自由约定质押合同内容、变更或解除合同的情形，订立知识产权质押合同。其二，法律中的自由不是绝对的和无限制的。因此，知识产权质押的自由也避免不了法律在一定程度上的限制。而这种限制必须是法律明文规定的。例如，我国《合同法》第 52 条规定，一方以欺诈胁迫手段签订的合同损害国家利益，或恶意串通国家、集体或第三人利

益，或以分不清形式掩盖非法目的，或损害社会公共利益，或违反法律、行政法规的强制性规定时，合同无效。再如我国《担保法》第 66 条规定，出质人和质权人在合同中不得约定在债务履行期届满后，质权人未受清偿时，质物的所有权转为质权人所有，否则质押合同无效。

（三）安全价值

法律层面的安全价值，通常是指权利被破坏或有被破坏的可能时，法律对其展开救济的可能性。以法律保障的不同情形下的利益为标准，可分为静的即所有权的安全和动的即交易的安全。[①] 而静的安全通常代表着所有权或权利人的利益，动的安全常常涉及交易对方或第三人的利益。但是当权利的静的安全与动的安全二者不可兼得之时，法律会对其保护的安全类型有所侧重。而知识产权质押担保制度，其设立的目的即是保障动的安全，即交易过程中交易对方或第三人的利益。具体而言，知识产权质押是维护交易中债权安全的重要方式。知识产权质押的设立赋予了质权人优先受偿权，即当债务人不履行其债务时，债权人可以通过对知识产权质押标的的处置而优先受偿，增加其债权实现的可能性，减少因主观或客观原因造成的债权人债权无法实现的风险，从而有效保障和维护交易安全。

（四）效率价值

效率价值是指法律能够使社会或人们以较小或较少的投入，获得较多或较大的产出，以满足人们对效益的需要的意义。[②] 而知识产权质押的效率价值则体现在其促进了经济效率的提高和社会效率的增加。其一，知识产权质押通常体现为以知识产权融资而获得银行贷款，这不仅可以解决企业发展过程中的资金短缺问题，帮助企业发展壮大，还可以将金融机构的资金资源配置到有资金需求的有潜力的企业中去，实现银行资金的利益。其二，知识产权质押制度，不仅肯定了知识产权创造主体的智力劳动成果，还积极引导和鼓励创新主体，进一步加快扩大知识产权创新的节奏和步伐，努力增加知识产权所带来的社会科技进步和社会经济效益。

---

① 郑玉波：《法的安全论》//参见刁荣化：《现代民法基本问题》，台湾地区三民书局 1982 年版，第 1~3 页。

② 卓泽渊：《法的价值论（第二版）》，法律出版社 2006 年版，第 206 页。

二、提升知识产权质押实效法治构建的基本原则

（一）兼顾知识产权质押的公平价值与自由价值

公平价值追求的是在法律面前，民事法律关系当事人的法律人格平等、其权利义对等，以及权利受到侵害后得到同等的保护和救济。而自由价值关注的是保证当事人在不违反法律效力强制性规定和其他禁止性规定的前提下，可以自由地选择交易对象，约定交易的条件、内容以及争议解决的方式。但在实践中，公平价值的实现，有时会难以避免地损害到对当事人自由价值的追求，而自由价值的实现有可能又会牺牲公平价值。因此，在知识产权质押的法治构建中，要坚持兼顾公平价值与自由价值的原则。

第一，在公平价值层面，在知识产权质押的制度设计中，应适当修正担保制度对债权人权益的过度保护而对债务人权益的关心不足的现状，对知识产权出质人和知识产权质权人的权利义务不公平的设置予以纠偏，增设知识产权出质人合法权益损害赔偿机制（如质权人过错行使拍卖变卖等处置知识产权质押标的给出质人造成的损害赔偿），保障知识产权质押关系中双方当事人的合法权益受到平等的法律保护。

第二，在自由价值层面，在知识产权质押制度的完善中，应着力强化自由价值的基本原则，放宽对知识产权质押自由的限制，如解除限制知识产权质押标的的重复质押、转质押等规定，允许知识产权的出质人对其所有或享有的不同种类的知识产权"打包"质押，给予当事人更多的自由选择的余地和范围。

第三，兼顾公平价值与自由价值。公平价值注重合理地不偏不倚地分配知识产权质押当事人双方的权利、义务和风险，而自由价值则更强调减少法律对知识产权质押的干预和限制，最大限度地鼓励当事人尽可能地按照自己的意思进行交易，尽可能地促进交易达成。在知识产权质押制度的完善中，应适度地兼顾公平价值和自由价值，不可偏废。

（二）兼顾知识产权质押的安全价值与效率价值

安全价值与效率价值有时是互相统一的，在保障安全的同时亦可促进效率。但安全与效率有时亦是相互矛盾的，在维护安全时有可能有损效率。因此，在知识产权质押的法治构建的过程中，要兼顾安全与效率的统一。

第一，在保障知识产权质押安全时，要兼顾知识产权质押的静态安全和动

态安全。一是在静态安全方面，要保证知识产权权利人或出质人其所有或持有的知识产权质押标是合法有效的。具体而言，包括出质人在知识产权质押设立期间其质押标的无权属争议，知识产权权属证书（注册商标专用权证书、专利权证书等）真实有效，出质人享有的知识产权质押标的的权利在合法有效的期间内等。二是在动态安全方面，应保障知识产权质押涉及的交易过程的安全。具体而言，应包括知识产权的权利状态转变到设定质押担保的法律状态的过程的安全，（即知识产权在质押登记过程中的安全）和知识产权从质押担保法律状态变更或终止过程的安全（即知识产权质权实现后质押的终止等）。

第二，在促进知识产权质押效率时，要将实体与程序相结合。一是在实体法规范中，对知识产权质押的标的范围、知识产权质押合同、双方的权利义务设置、质权实现途径和方式等内容进行明确规定，引导知识产权质押当事人依法成立知识产权质押关系，避免不必要的中间环节，提升知识产权质押效率。二是在程序法规范中，统一知识产权质权的登记规则，明确规定知识产权质押登记的事项、内容、法律效力，明确知识产权质押登记的取消和停止的法定事由及法律后果，明确知识产权质押登记过程中所需提交的文件，促进当事人之间顺利完成知识产权质押登记。第三，兼顾知识产权质押的安全与效率。在侧重知识产权质押安全时，完善制度以减少交易风险、健全风险防范机制为重点，但在促进知识产权质押效率时，完善制度以降低交易成本、简化交易程序为重点。但是无论是从保障安全角度出发，还是从提升效率角度出发，知识产权质押的制度的完善应在这两种价值之间寻求合理的平衡点，在保障交易安全的前提下提升效率。

三、完善知识产权质押的立法体系

（一）修正知识产权质权的性质定位

关于知识产权质权的性质，在学界有物权说、债权说和折中说等多种理论争议。

第一，物权说。传统民法"二分"的物权理论将物划分为"动产"和"不动产"。而权利作为无形财产，只能将其归入到动产之列。知识产权作为权利的一种类型，也只能被视为动产。而在动产担保制度中，可以以转移动产占有的形式担保债权的实现，此为动产质押。按此法理，知识产权作为动产中权利的一种，亦可在其上设定质押作为债权的担保形式。在债务人不履行债务时，债权人作为质权人可以行使质权，即针对质物的交易价值的优先受偿权。在物权担保的法律制度中，关于知识产权等权利质权，有特殊规定则适用特殊规定，无特殊规定则适用动产质押的规定，此为知识产权质权的物权说。即知识产权质权作为物权担保，即特殊的动产质权形式而存在。

第二，债权说。民法学界亦有学者认为，知识产权质权是作为债权的形式存在的。[①] 因为债权具有财产性和可转让性，可以促进财产的流通和转让，而知识产权质权是以知识产权中具有财产性的可转让的部分作为质押标的，使得知识产权质权同样具有财产性和可转让性。此外，债权作为一种财产流通的方式，与知识产权质权作为担保手段或融资方式在形式上具有一致性。

第三，折中说。即认为知识产权质权既不是物权也不是债权，而是介于物权和债权之间的一种权利，并且其性质也可能取决于立法者的态度。关于上述各学说，均存在或多或少的缺陷。例如，物权说中将知识产权质权作为动产质权的一种，违背了动产质权有形物之上的认识基础和相关转移占有的制度设计。债权说将知识产权质权作为债权，违背了知识产权质权作为债权担保的附随性，且二者的法律效力也不尽相同。而折中说更是令人对知识产权质权的性质云里雾里。

但亦有学者认为，知识产权质权的本质是债的特别效力。[②] 我们认为此观点较为合理，理由如下：从权利的实质来看，物权实质是物权人对特定的物享有的排他性的支配权，债权实质是债权人享有的请求债务人为一定或不为一定的行为之权利。但在知识产权质权中，虽然出质人和质权人均有相应的权利和义务，但其附随于债权之上，其存在也只是为了保障债权人实现债权、债务人履行债务。因此，知识产权质权并不是一项独立的民事权利，而是债的效力。但其属于债的担保方式，实质上是对个别债的特殊效力内容，故与债的通常效力不同。

（二）知识产权质押集中立法

1. 知识产权质押集中立法模式选择

知识产权质权在立法中将其放置于何处，在学界有几种不同的观点：

第一，仍将知识产权质权放置于民法典物权编之中。但知识产权质权的权

---

① 苏喆：《知识产权质权的债权化研究》，载于《法学杂志》，2013 年第 7 期，第 68~77 页。

② 丘志乔：《知识产权质押制度之重塑 基于法律价值的视角》，知识产权出版社 2015 年版，第 178 页。

利归属类型争议较大。有的学者认为知识产权质权应定位为权利抵押权。① 有的学者认为知识产权质权应定位为权利质权。② 有的学者认为知识产权质权应定位为登记类担保物权。③ 上述诸种观点始终摆脱不了知识产权质押和知识产权抵押的区别，但都未能从本质上将知识产权质权和知识产权抵押做出区分，此为其不妥当之处。

第二，将知识产权质权置于民法典债权编之中。④ 虽然知识产权质权具有债权的特别效力，但将其完全等同于债权放置于债权编中也不妥当。

第三，将知识产权质权作为与动产质押、权利质押并列的质押种类，分散规定在民法（做原则性规定）和知识产权法律（做具体规定）之中，形成"一般规定+具体规定"立法模式。⑤ 虽然该种观点有一定的合理性，但其未能认识到知识产权质权作为债权特殊效力的本质。

第四，将权利质权和权利抵押权合并，形成"权利担保"，与动产担保、不动产担保并列，因此知识产权质权归属于知识产权担保。⑥ 此观点也未能将抵押与质押进行本质上的区分，存有局限。

我们认为，上述观点各有其优点与不足。但由于知识产权制度相较于其他民事法律制度起步较晚，在民法典中对其未有具体而周延的规定。因此，民法典对知识产权的规定只能是原则性的，且关于知识产权的法律规定理应成为知识产权质权等法律规定的"大梁"，在不断变化和发展的社会生活中，承担起知识产权开放性、不断扩充性的权利保护大任。因此我们赞同保留现行我国《担保法》和我国《物权法》中关于质押、抵押和留置等担保方式和关于质权、抵押权、留置权等担保权利的规定，同时在知识产权法律中补充完善知识产权担保方式和担保权利。具体而言，可采用民法的一般规定与知识产权法的具体规定相结合的立法模式。

2. 知识产权质押的立法模式完善

针对我国知识产权质押立法体系呈现出分散立法并且有多处立法空白的不足的情况，建议如下：

第一，就现状，可在我国《商标法》《专利权法》和《著作权法》等专门

---

① 吴晨曦、王莹：《权利质权？抑或权利抵押权？——论知识产权设定担保的体例选择》，载于《广西政法管理干部学院学报》，2005 年第 4 期，第 109~111+119 页。

② 江云丰：《论知识产权之性质》，载于《南方论刊》，2009 年第 9 期，第 58~59 页。

③ 刘阁春：《知识产权质权制度研究》，中国人民大学 2005 年博士论文，第 68 页。

④ 巩姗姗：《论担保权性质》，广西大学 2005 年硕士论文，第 41 页。

⑤ 苏喆：《知识产权质权的债权化研究》，载于《法学杂志》，2013 年第 7 期，第 68~77 页。

⑥ 胡开忠：《权利质权制度研究》，中国政法大学出版社 2004 年版，第 45 页。

的知识产权法律中，完善可出质的知识产权质权的具体规定。并对《注册商标专用权质权登记程序规定》《专利权质押登记办法》《著作权质权登记办法》进行整合，设立统一的《知识产权质权登记程序规定》。

第二，在未来，规划设立我国《知识产权法典》。将《商标法》《专利法》《著作权法》《植物新品种保护条例》和《集成电路布图设计保护条例》等关于知识产权的法律、行政法规和规章等进行立法资源上的整合，统一于《知识产权法典》；并针对知识产权自身特有的法律属性，在《知识产权法典》中细化、专门、统一规定知识产权质押的具体内容，且内容应包括知识产权担保（包括知识产权质押、知识产权抵押和知识产权留置）的设立、知识产权担保的效力、知识产权担保权利实现的途径、知识产权担保的终止等。同时，整合各类知识产权担保登记规则，设立统一的《知识产权担保登记程序规定》，内容应包括知识产权的质权、抵押权和留置权登记规则，可转让的具有财产权性质的知识产权（包括但不限于商标专用权、专利权、著作权、植物新品种权、集成电路布图设计权等）的担保权利的登记等。

四、细化知识产权质押的立法内容

（一）适度扩展知识产权质押的标的范围

第一，扩大原有可质押的知识产权范围。针对我国《担保法》和我国《物权法》对可质押的知识产权采用的是有限列举的情况，建议扩大可质押的知识产权范围。可根据《与贸易有关的知识产权协议》《关于集成电路的知识产权条约》和《保护植物新品种国际公约》等公约，将商业秘密权、集成电路布图设计权和植物新品种权等纳入可质押的知识产权范围内。

第二，对是否可质押存在争议的知识产权，如邻接权、商号权、未发表的作品之著作权、专利申请权、依赖型专利权、证明商标专用权和集体商标专用权、联合商标、未注册的驰名商标等，在满足可转让性和财产性的前提下，是否可以质押应在法律上给予明确规定。

（二）完善知识产权质押的登记制度

第一，建立统一的知识产权质权登记制度。由于现行行政部门的条块化分割，知识知识产权质权的登记由国家工商行政管理总局商标局、国家知识产权局和国家版权局等多个行政部门分散行使，虽然在形式上依据的登记规则也有所不同，但实质上《注册商标专用权质权登记程序规定》《专利权质押登记办法》《著作权质权登记办法》三个文件中重复的内容较多，主要表现在登记的方式、登记需要提交的材料、质权合同内容、债权登记簿或通知书登载的内容、不符合登记的条件、撤销、变更或注销登记的条件等内容基本上雷同。因此，在行政机构改革的过程中，统一知识产权质权登记机构，统一知识产权质权登记的规定（包括统一的知识产权质权登记方式、应提交的材料、登记内容、受理和不予以受理登记的时限及条件、撤销变更和注销登记的条件等），既可以解决知识产权质权登记规则存在混乱冲突等问题，还可以节约知识产权质权登记的资源，又可以统一简化群众办事程序，减少知识产权质权登记的成本，体现行政部门"一站式"服务的原则，提升办事效率。

第二，增加可质押的知识产权种类。将商业秘密权、植物新品种权和集成电路布图设计权等其他具有可转让性和财产权性的可质押的知识产权也归入到知识产权质权登记的对象范围之内。让植物新品种权、商业秘密权和集成电路布图设计权的质押权利有法可依，落到实处。在立法技术层面，这不仅解决了不同立法冲突的协调问题，同时节约了立法资源。

第三，完善知识产权质权登记的办理方式。一是申请人可以本人亲自办理，亦可依法委托代理人或代理机构办理。二是完善知识产权质权登记的"线上+线下"双渠道办理方式。随着社会信息交流方式的多样化和便捷化，建立知识产权质权登记网络服务平台是趋势。知识产权质权登记主体可以通过电子数据交换的方式，在线上提交知识产权质权登记申请和要求提供的相关资料，节约来往知识产权质权登记机构的时间和交通成本。

第四，改单一的知识产权质权登记为多种知识产权质权登记。在统一知识产权质权登记机构、统一知识产权质权登记规则的前提下，改以往单一的知识产权质权登记为多种知识产权质权登记（即知识产权"打包"质权登记），可以方便知识产权质权登记主体一次性将其可质押的知识产权质权进行统一登记，不必往返于多个登记窗口，也不必遵循多个登记规则或办法，不仅节约了知识产权质权登记的成本，也可促进知识产权质权登记的快速发展。

第五，设立统一的知识产权质权登记公示平台。作为知识产权质权公示的途径，知识产权质权登记的另一个重要作用就是便于相关主体查询信息。但我国目前知识产权质权登记，侧重于登记程序，却缺少全国统一的知识产权质权登记公示平台或系统，不便于相关主体通过便捷、高效的手段查询相关知识产权是否予以设立质权以及相关重要信息。因此，应坚持以高效为目标，将知识产权质权登记的法律依据、流程、提交的材料、注意事项等充分公开，并对知识产权质权人或利益相关者提供知识产权质权登记结果查询服务，查询内容应包括被质押的知识产权名称、编号、质权人、出质人、登记日期和质押期间等基本信息。

（三）明确知识产权质押的效力

1. 明确规定知识产权出质人的权利与义务

第一，应明确授予出质人对知识产权的重复质押权。关于出质人是否有权对知识产权进行重复质押，我国《物权法》《担保法》和《专利法》《商标法》《著作权法》等均未明确规定。此外，在商标专用权、著作权质权登记的程序性规定中，《注册商标专用权质权登记程序性规定》和《著作权质权登记办法》也均未有相关规定。但根据《专利权质押登记办法》第12条第2款和第13条①可知，我国专利权质权登记机关将出质人对知识产权专利的重复质押列为对专利权质押不予登记和撤销专利权质押登记的法定情形之一。但从法理上来讲，出质人对其所已出质的知识产权仍享有在可担保金额范围内再次进行质押的权利。因此，建议立法明确出质人可以对知识产权进行重复质押的权利。

第二，应解除对知识产权出质人许可、转让知识产权的限制。因为从质押作为担保方式和手段的本质上来看，只有在符合质权行使条件的情形下，质权人才有权与出质人协商折价、请求法院拍卖或变卖该出质的知识产权，保障其对知识产权处置所得的价款优先受偿的权利。并且，只有通过交易该出质的知识产权获得价款，质权人才能通过提前清偿或提存实现其债权。法律限制出质人知识产权的许可和转让，一方面是对出质人知识产权所有权的不当限制，另一方面，其实质上不也利于质权人实现其债权。故建议立法明确规定，在知识产权质押期间，出质人可以自由许可或转让该已出质的知识产权，只要在许可或转让该出质的知识产权时通知质权人即可，并于许可或转让后，及时对担保的债权进行提前清偿或提存。

2. 明确知识产权质押的效力范围

第一，针对知识产权质权的效力是否及于知识产权的使用许可费的问题，

---

① 《专利权质押登记办法》第12条第2款规定："经审查发现有下列情形之一的，国家知识产权局作出不予登记的决定，并向当事人发送《专利权质押不予登记通知书》：1. 出质人与专利登记簿记载的专利权人不一致的；……11. 专利权已被申请质押登记且处于质押期间的；……"《专利权质押登记办法》第13条规定："专利权质押期间，国家知识产权局发现质押登记存在本办法第十二条第二款所列情形并且尚未消除的，或者发现其他应当撤销专利权质押登记的情形的，应当撤销专利权质押登记，并向当事人发出《专利权质押登记撤销通知书》。专利权质押登记被撤销的，质押登记的效力自始无效。"

法律应明确规定：一是尊重当事人的意思自治。如果知识产权的出质人和质权人之间对此有约定的，从其约定。二是当事人无约定时，应明确规定，在出质人是债务人的情形下，使用许可费应该处于知识产权质权的效力范围之内，该使用许可费的收益应拿来提前清偿债权或提存；在出质人是债务人以外的第三人时，知识产权质权的效力范围不应及于该知识产权的使用许可费。

第二，针对知识产权质权的效力是否及于基于该知识产权而通过技术改进新获得的知识产权的问题，法律应明确规定：除当事人另有约定外，如新获得的知识产权是原物的自然延伸而非实质性突破时，则知识产权质权可以及于此新知识产权；如果新知识产权对作为质物的知识产权产生了实质性突破，则其理应成为一项独立的知识产权标的，而不应被之前知识产权质权效力范围所及。

（四）完善质权实现的方式

1. 对知识产权质权实现方式作单独规定

因目前我国立法中未单独规定知识产权质权的实现方式，知识产权质权的实现只能适用一般动产质权的实现方式，即债权人与出质人协商将该动产折价受偿，或者是以人民法院拍卖、变卖的价款优先受偿。但由于知识产权与一般的动产有本质上的区别，故建议针对知识产权的特殊情况，单独规定其质权实现的方式和途径。

第一，着力培育和发展知识产权交易市场，为知识产权的变卖提供市场信息平台和交易平台，缩短质权人实现知识产权质权的时间，丰富知识产权质权实现的方式。

第二，构建知识产权质押担保机构收购机制。可借鉴美国的保证资产收购价格机制模式，即在知识产权出质人设立知识产权质押时，引入知识产权担保机构的担保机制，即由担保机制承诺，当债务人不能按期履行债务时，由该担保机构以承诺的收购价格对出质的知识产权进行收购，以保障质权人质权的快速顺利实现。

第三，引入知识产权证券化的质权实现机制。可借鉴日本发展银行的模式，将知识产权资本市场进行证券化，为知识产权开发从业者融通资金。

第四，引入政策性风险补偿机制。通过设立政策性风险补偿基金，对金融机构的贷款风险给予补偿

2. 修正知识产权拍卖立法

推进知识产权拍卖制度立法，是促进知识产权实现的重要途径。一方面，

拍卖可以实现一个卖方和多个买方以公开竞价的方式进行现场交易，在拍卖前尽可能了解被拍卖的知识产权的实际情况和价值，在拍卖中通过竞价发现该知识产权的稀缺程度和实际价值，可以较为直接地反映市场需求，实现知识产权质权。另一方面，因为知识产权的拍卖不需要参照市场价格，一定程度上可以克服目前我国知识产权交易市场不完善、不成熟的困境。为了更好地管理和规范拍卖公司，我国于 1996 年出台《拍卖法》，至今未对其进行过实质性的修改。与许多新出台的和多次修订的法律（如我国《合同法》、我国《公司法》、我国《物权法》等）中所规定的制度和内容的比较，突显出其与现实社会和现行法律的脱节与落后。因此，修正我国《拍卖法》的部分规定以适应和满足新时期知识产权拍卖的需要成为必然选择。而对知识产权拍卖立法的完善，可以通过对现行《拍卖法》进行修改，增设"知识产权拍卖"专章，具体对知识产权拍卖的标的、拍卖人、委托人和竞买人的相关权利义务、拍卖价格等内容进行细致的规定，来更好地引导和培育知识产权拍卖行业的发展。此外，亦可根据我国现实需要，单独出台《知识产权拍卖实施办法》等部门规章，对知识产权拍卖进行专门的规定。

第一，关于参与知识产权拍卖的主体：①知识产权拍卖委托人是知识产权的所有权主体或可以依法处分知识产权的主体。②知识产权拍卖人是具有拍卖资质的、受知识产权拍卖的委托人的委托，对某一特定的知识产权进行拍卖的主体。③知识产权拍卖竞买人是依法参与知识产权拍卖，有可能与知识产权拍卖委托人成立买卖合同关系的主体。特别需要说明的是，不同的知识产权拍卖标的，必然会要求知识产权拍卖竞买人应具备不同的主体资格条件。例如，根据《商标法》的要求，如果参与注册商标专用权的拍卖，应买人必须具备相关类型商标注册申请人的资质条件。关于知识产权拍卖的标的：①拍卖的知识产权应具有可转让性和财产性，因此具有人身性质的知识产权不可以作为拍卖的标的。②拍卖的知识产权类型要明确，即拍卖的是知识产权的专用权或使用许可权；其中，使用许可权又可分为独占许可权、排他许可权还有普通许可权等。③拍卖的知识产权的具体名称、知识产权编号、期限、保护范围、批准机关、产品品种及规格、生产规模以及是否包含技术指导及培训等有关信息和内容必须在拍卖前公开。

第二，针对知识产权转让与拍卖的冲突解消。根据我国《合同法》第 148 条规定，因标的物质量不符合质量要求，致使不能实现合同目的的，买受人可以拒绝接受标的物或者解除合同。即在知识产权转让合同中，知识产权的转让人应承担知识产权的"瑕疵担保责任"，故转让方应保证其转让的知识产权的合法性和有效性。但在我国《拍卖法》第 61 条第 1 款却规定了"瑕疵不担保责任",即拍卖人、委托人在拍卖前声明不能保证拍卖标的的真伪或者品质的,不承担瑕疵担保责任。故《拍卖法》作为《合同法》的特别法,其在瑕疵担保责任的规定上却与《合同法》不一致,有可能损害竞买人的权益。为了解消立法中的此种冲突,我们建议对《拍卖法》的规定进行修改。①委托人和拍卖人在明知或应知参加拍卖的知识产权标的存在瑕疵时,应当明确向竞买人说明该瑕疵的具体情况和后果,而不能借由"瑕疵不担保"条款来推卸自己的责任。②委托人和拍卖人一旦做出对拍卖的知识产权有无瑕疵无法保证的声明时,即不可通过拍卖信息或其他相关说明做与瑕疵不担保声明相矛盾的说明,否则应按照有利于竞买人的结果对有矛盾的声明进行解释。

第三节　提升知识产权质押实效之配套制度完善

一、构建知识产权质押的评估制度

针对我国目前产权质押评估规则匮乏的现状,再结合实践中我国部分省市已出台的知识产权质押评估实施办法或评估技术规范等规范性文件,建议我国从以下几个方面完善我国知识产权评估规则。

（一）建立统一的知识产权质押评估规范

虽然目前我国有《资产评估准则——无形资产》作为知识产权质押标的的评估依据,但该规则太过原则性、缺乏针对性,事实上与知识产权评估并不是很契合,因此建议建立专门的知识产权质押评估规范,或在资产评估准则中专章或专节规定知识产权质押评估规则,具体对知识产权的标的、价值、评估程序、评估方法及适用、评估结果的运用等内容进行专门的规定。

（二）严格设立知识产权评估机构的准入与退出机制

1. 明确知识产权质押评估机构的准入条件

首先,参与知识产权质押的评估机构应当依法设立,依法取得《资产评估资格证书》。其次,知识产权质押评估机构须依法或依规严格履行其职责和义务。再次,知识产权质押评估机构应建立完善的知识产权评估管理机制和质量监督机制。特别需要注意的是一定要设立责任追究机制，即违反规定因故意或重大过失造成评估结果失真而给相关主体造成损害时，知识产权质押评估机构应承担赔偿责任。

2. 明确知识产权质押评估机构的业务规则

明确知识产权质押评估机构的业务规则，包括在知识产权质押评估中，坚持"谁委托谁付费""评估结果定向使用""一质押一评估""实事求是、客观公正"等工作原则，规范知识产权评估行业规则。①明确知识产权评估人员条件。知识产权评估人员应取得注册资产评估师执业资格证书，具有知识产权相关的专业背景，经过专业的评估技能培训，熟悉知识产权质押相关的法律法规，具有良好的职业道德。②明确知识产权质押评估人员和机构的退出机制。应严格规定，评估人员因故意或重大过失，对知识产权进行违规评估，造成评估失真三次以上者，取消其知识产权评估资格。评估机构管理不善、指使或包庇知识产权评估人员进行违规评估时，应给予相应的行政处罚并停业整顿。

3. 明晰评估对象

根据知识产权质押的相关法律规范，为可转让的具有财产权性质的知识产权进行评估时：一要熟知法律的规定，明确委托评估的知识产权是否属于可质押的知识产权。具体而言，对知识产权各种类的权利要有清晰的认识，如常见的专利权、著作权、注册商标专用权等，还有新植物品种权、集成电路布图设计权。二要审核该知识产权的法律属性（证书编号、权利所有人、合法性、有效期限、保护范围等）。

4. 规范评估流程

规范评估流程，有助于防范因知识产权评估流程不合理或有所缺失而导致评估结果失真。2013年中国银监会等四部门联合下发的《关于商业银行知识产权质押贷款业务的指导意见》第16条明确规定，知识产权质押评估商业银行可以委托专业评估机构对出质知识产权进行评估，也可以自行评估。委托外部机构评估的，要建立评估价值复核认定机制。因此，知识产权的评估除了关注评估机构对知识产权价值的评估，也不能忽略金融机构复核认定专业评估机构对知识产权价值的评估结果的流程。

关于知识产权评估机构的评估流程，应注意以下三点：一是评估的背景调查。应对该评估标的的法律状况、经济前景、技术发展和取代情况、使用许可情况等背景信息进行全面调查。二是评估的关键因素分析。应对评估标的的成本因素、市场因素、政策因素、企业经营条件、法律保护范围和期限、质押风险因素、质押标的变现能力的相关数据资料进行全面的分析。三是要根据知识产权质押标的的类型、状况和具体情况，采用一种或多种评估方法，确定知识产权质押的评估价值。

5. 明确评估方法及选择条件

知识产权评估通用的收益法、成本法和市场法针对不同的知识产权标的，其利弊不同。为了保证评估结果更合理更准确，选择合适的评估方法尤为重要。虽然评估方法可以单独适用或多种配套适用，但依然需要明确评估方法的具体适用条件和标准，避免为了方便省事而随意选择较为简便的一种评估方法而导致评估结果不准确的情况。

（1）评估方法。

现有的无形资产评估方法以有形资产评估的方法为理论和实践的基础和蓝本。较为常见的知识产权评估方法有成本法、收益法和市场法。具体如下：

其一，成本法。根据目前理论与实务的发展情况，通常的成本法即重置成本法，是指在现实条件下，计算重新购置或建造一个全新的知识产权所花费的成本，并对该知识产权的陈旧贬值、功能贬值和经济贬值等各种因素进行综合考量以确定该知识产权之价值的一种方法。而在成本法当中，知识产权的重置成本和贬值率是其中非常重要的估算数据。首先，计算知识产权的重置成本，即对创造该知识产权时所花费的成本的估算与确认，其中可使用的估算方法包括核算法[①]、倍加系数法[②]等方法。其次，知识产权的贬值率，根据知识产权的损耗（包括陈旧性损耗、功能性损耗和经济性损耗等）情况而定。虽然知识产权不会像有形物一样被损耗，但却会因科技的发展和时间的流逝而产生损耗。通常情况下，如果科学技术的发展速度越快，则知识产权更新的速度就越快，相应地知识产权的更新换代所花费的时间就越短，也就意味着该知识产权的功能性损耗或贬值就越快；如果某项知识产权可使用的年限越短，则意味着其陈旧性损耗越大；出于科学技术的优胜劣汰，或是市场竞争等因素，知识产权则有可能发生经济性贬值。而估算上述各种贬值的实践时，通常使用的是专家鉴定法和剩余寿命预测法。

其二，收益法。收益法是指将知识产权在将来的预期收益转换成资产现

[①]　核算法即将创造某一知识产权所消耗的费用（包括时间和金钱）累计并考虑合理的利润以估算知识产权价值的方法。参见魏玮：《知识产权价值评估研究》，厦门大学出版社 2015 年版，第 24～71 页。

[②]　倍加系数法即由于智力劳动的复杂性和风险性，考量知识产权研发过程中对物质消耗、脑力消耗、知识产权研发的风险系数、投资报酬率等因素通过固定的公式而估算知识产权价值的方法。参见魏玮：《知识产权价值评估研究》，厦门大学出版社 2015 年版，第 24～71 页。

值，并对该资产现值进行价值评估。而在收益法当中，收益额、收益期限、折现率是知识产权评估的重要指标。首先，收益额作为知识产权评估的重要参数，是在正常情况下该知识产权的主体通过投资该知识产权，实现利润增长或节约成本，而在未来可能得到的回报。收益额的估算方法包括直接估算法、要素贡献法①和分成率法等。其次，收益期限可根据知识产权的功能、周边条件和立法、政策或合同等因素确定。但其中最主要的限制条件是知识产权的剩余寿命和法律、合同对知识产权的保护和利用期限。而确定收益期限的方法可分为法定年限法②、更新周期（可分为产品更新周期和技术更新周期）法③和剩余寿命预测法④等。最后，折现率是考量技术、时间、政策、法律、社会经济和市场等多种因素，以将来收益折算为现值的一种比率。需要注意的是，在知识产权的评估中，折现率的极小变化都会导致评估结果的天壤之别。因此，折现率的确定需要遵守高风险高收益的原则，并以行业平均收益率为基础，坚持高于国债利率和银行利率的原则。

其三，市场法。市场法是指根据当前同类或相似的知识产权的价值为参照而确定被评估的知识产权的价值的一种方法。这种方法以市场已有的知识产权评估为蓝本，可以直接准确地反映知识产权市场对其的价值认知。市场法可分为直接比较法和间接比较法。直接比较法以相同类型的知识产权的评估价格为参照系，而间接比较法则以相似类型的知识产权的评估价格为参照系，只有关注到二者在功能效用、产品质量或技术水平、使用期限等众多因素之间的区别并做出合理的调整，才能尽可能地保证知识产权价值评估的真实性和合理性。特别需要强调的是，在采用市场评估法的过程中，找到一个或多个具有"可比性"的已被评估的知识产权作为评估的参照物是关键环节，而如何识别二者之间的"可比性"则是重中之重。

---

① 要素贡献法是指知识产权的使用对于企业收益所做贡献与资金、管理等其他因素之贡献的对比而估算知识产权的价值的评估方法中。参见魏玮：《知识产权价值评估研究》，厦门大学出版社 2015 年版，第 24～71 页。

② 法定年限法是通过确定知识产权的剩余年限，而确定其剩余经济寿命年限的评估方法。参见魏玮：《知识产权价值评估研究》，厦门大学出版社 2015 年版，第 24～71 页。

③ 更新周期法是指通过产品更新周期和技术更新周期为系数而推算知识产权的经济剩余年限，从而估算该知识产权的价值的评估方法。参见魏玮：《知识产权价值评估研究》，厦门大学出版社 2015 年版，第 24～71 页。

④ 寿命预测法是以考量知识产权的市场竞争状况和可替代技术的更新速度等因素而估算知识产权的价值的评估方法。参见魏玮：《知识产权价值评估研究》，厦门大学出版社 2015 年版，第 24～71 页。

（2）知识产权价值评估方法的选择。

知识产权价值评估方法的选择应注意以下几点。

其一，要明确评估的目的。在知识产权质押过程中，评估的目的通常可能涉及知识产权的所有权转让、知识产权的许可、知识产权拍卖或是知识产权证券化中的一个或多个方面。如此，知识产权评估机构应针对上述一种或多种目的而综合评估某一知识产权质押标的的价值。例如，当以知识产权所有权转让为目的进行价值评估，那么评估的关键点并不是该知识产权标的的成本，而应该是其将来可能带来的收益能力，因此知识产权的评估应以收益法作为优先考虑。又如以知识产权许可为目的的价值评估，则要以许可人自己能否继续使用，是否有权再许可第三人使用为考量标准，重点应针对该知识产权在独占许可、排他许可、普通许可等不同情形对其价值进行评估，收益法与市场法结合使用可能更有效。而在知识产权拍卖的情形下，则只需要对该知识产权的市场交易价值客观真实地呈现即可，采用市场法可能较为合理。因为最终知识产权的拍卖价格并不是由专业的评估机构评估出来的，而是买方和卖方在市场因素下通过博弈而决定的，而知识产权拍卖竞价之前的价值评估则是拍卖的基础。

其二，要明确知识产权评估的价值类型。根据我国财政部 2017 年《资产评估基本准则》，在资产评估中需要明确评估的价值类型。价值类型按评估的目的和评估条件的不同可分为市场价值和市场外价值两种。市场价值评估强调的是买方和卖方在双方自愿的基础上，应当各自精明，谨慎行事，根据某项资产的评估交易价值而达成公平交易。因此知识产权评估的市场价值类型中的评估价值是知识产权在特定的时间下的假设的市场交易情形下的价值。市场外价值类型是包含了投资价值、清算价值、使用价值、质押价值等不同种类的价值类型的综合体。所以，在知识产权质押时，可能会涉及对知识产权的市场价值的评估和市场外价值，即质押价值的评估。因而，知识产权质押评估所适用的各种指标和参数会有所不同。

（3）明确知识产权质押评估的方法选择。

上述常用的三种评估方法中，每种方法所适用的出发点有所不同。例如，收益法从利用某项知识产权在将来可能为其投资者带来多少收益的角度出发，而成本法从重新获得某项知识产权可能需要支付的成本角度出发，市场法则从与知识产权质押标的同类型的知识产权在交易市场上的交易价格出发。但是就知识产权质押的目的而言，其理应更关注知识产权在未来的收益和其在市场中的价值。因此，在质押过程中，相比成本法，知识产权的质押选择收益法和市场法更为合理。但在不同的知识产权中，其适合的评估方法也不尽相同。如针对专利权，其质押价值的评估方法中，收益法可能比成本法更为科学合理。而针对注册商标的质押，其质押价值的评估方法中，收益法和市场法较为合理。

二、培育知识产权质押的市场和中介服务

（一）促进知识产权交易平台的开发和建设

1. 鼓励政府出台相关政策，强化知识产权交易市场平台的开发和建设

第一，畅通知识产权交易信息渠道。在知识产权交易平台的建设和发展中，一方面，着力做好知识产权需求的信息寻找与信息集合，及时、准确、快速把握市场需求动向；另一方面，及时全面地了解科研机构或企业的知识产权开发成果信息，做到知识产权需求与供给双方的信息对接，以求顺利实现知识产权的自由、快速的交易。

第二，强化知识产权交易的安全保障。建立健全交易规则及登记托管、结算交割、交易监督等规章制度，知识产权交易管理部门应加强知识产权交易安全监管，对进入交易平台的知识产权和完成交易的知识产权进行信息备案登记，确保知识产权交易安全。

第三，创新知识产权交易模式，积极探索发展以需求导向型为主的双向知识产权交易模式。积极发挥知识产权中介的作用，促进知识产权交易的完成，推动知识产权市场化、商品化的转化，建立内容丰富、交易活跃、安全有效的知识产权交易平台。

2. 培育和引进知识产权专业人才，为知识产权交易市场的建设增加新鲜血液

在知识产权交易的过程中，不仅需要完成知识产权信息的匹配工作，知识产权交易合同的起草、知识产权交易谈判、知识产权的价值评估、知识产权交易登记备案等一系列工作也需要知识产权专业人士的参与。因此，一要积极培育和吸引知识产权专业、知识产权法、知识产权管理等相关专业的人才，要做到理论和实践相结合；二要建立和完善知识产权人才培育机制，充分发挥专业人才在理论、经验和实践中"传帮带"作用，加快知识产权人才的积蓄和储备；三要建立合理的知识产权人才使用机制，强化对知识产权人才使用的科学研判，促进知识产权交易相关的人才作用的发挥。

3. 开发和完善知识产权交易相关的信息数据服务

一是积极推动知识产权信息共享平台建设。积极沟通协调知识产权部门、

信息部门、金融机构、知识产权中介服务机构等，推进建立全国统一的知识产权信息共享平台。二是在知识产权信息共享平台中，完善知识产权法律信息等相关内容的查询服务，为知识产权交易当事人或中介服务机构降低知识产权信息查询的成本，促进知识产权交易。三是研发知识产权信息平台中的知识产权价值评估和分析数据系统，为知识产权交易提供价值评估等方面的信息辅助。四是培育知识产权交易的信息推广平台，为知识产权的许可使用、转让和拍卖提供潜在的可能和便利，增加知识产权交易的数量和规模。

（二）积极培育和规范知识产权质押的中介服务机构

引导和规范知识产权质押中介服务机构，包括知识产权代理机构、知识产权评估机构、律师事务所、担保公司和资产管理公司、拍卖机构等，规范其参与知识产权质押的业务内容。

1. 知识产权代理机构

在知识产权的快速发展过程中，在知识产权申报、注册、审批、交易等诸多环节，知识产权代理机构发挥着重要作用。但在知识产权质押环节中，应着力关注以下几个方面：一是知识产权代理机构应扩展其服务内容，在提供知识产权信息服务、知识产权质押登记代理服务、知识产权质押交易服务等方面发挥积极作用。二是在知识产权代理中，应强化知识产权代理人才培育和引进，提升知识产权代理机构的技术含量，增强在知识产权质押服务中的竞争力。三是要完善知识产权代理机构的管理制度，强化知识产权代理机构服务质量，切实为知识产权出质人和质押权人提供有效、精准、全面、专业的知识产权代理服务。

2. 知识产权评估机构

在知识产权质押中，知识产权的价值评估是知识产权质押乃至知识产权变现的重要基础。对于培育和规范知识产权评估机构来说，应从以下三个方面着手：一是引导资产评估机构建立和完善专业的知识产权评估团队，推进知识产权评估的成熟化；二是加强知识产权评估团队的专业能力，强化团队成员的专业素养，积极拓展信息来源，开展知识产权的市场调查和收益能力预测，使知识产权评估更加专业化；三是着力构建知识产权评估的管理制度和体系，建立知识产权评估的工作考核机制和责任追究制度，规范知识产权评估流程，完善知识产权评估风险监控，使知识产权评估更加科学化；四是建立和完善知识产权评估的外部专家咨询服务机制，令知识产权评估过程需要用到经济学、法学、工程学等多学科专业知识时，可从特定领域的外部专家获得专业的建议和意见，从而保障评估结果的可信度。

3. 律师事务所

律师事务所在知识产权质押中，特别是知识产权质押标的的法律审查中，起着至关重要的作用。培育和规范知识产权质押中法律事务所的法律服务，应从以下几个方面着手。一是提升知识产权质押标的法律审查的专业性。针对提供知识产权质押法律审查的律师事务所，应积极引导知识产权法律审查的专业队伍建设，提升律师在知识产权法律审查方面的专业能力。二是建立和完善知识产权的法律审查业务流程与规范，推进知识产权法律审查管理的科学化。三是建立知识产权法律审查的工作考核机制和责任追究制度，保障知识产权法律审查结果的真实性和有效性。

4. 担保公司

在积极引导担保公司参与到知识产权质押的反担保活动过程中，担保公司应从以下几个方面规范管理，实现风险控制。一是建立和完善知识产权质押反担保的专业团队，强化担保从业人员的准入和退出机制，有效规范和保障担保从业人员的业务操作，提升担保从业人员的专业素养。二是构建和完善知识产权质押风险管理机制，一方面，针对担保公司内部而言，应加强担保公司的内部管理，制定和完善知识产权担保业务操作规范和流程，提升知识产权质押担保质量，降低风险；另一方面，针对银行等外部而言，应合理设定担保公司与银行之间的风险承担比例，强化银行的审查监督责任，加强担保公司与银行的交流与沟通，促进银行与担保公司共同承担知识产权质押风险。

5. 拍卖机构

在知识产权质权实现的过程中，拍卖机构也发挥着不小的作用。培育和规范拍卖机构的从业行为，应主要从以下几点出发。一是在培育和引进拍卖专业人才方面，强化知识产权拍卖专业人才队伍建设，提升知识产权拍卖专业人员的业务水平和职业道德，发展壮大知识产权拍卖人才队伍。二是在知识产权拍卖的业务规范方面，完善知识产权拍卖业务操作流程，强化知识产权拍卖标的的审查力度，真实准确地表述参与拍卖的知识产权的相关信息，提高拍卖机构的公信度。三是在知识产权拍卖实践中不断总结经验，规范知识产权拍卖委托人和竞买人的行为，保障知识产权拍卖的真实性和合法性。

三、强化知识产权质押的监管制度

为了更好防范知识产权质押的风险，应构建知识"事前"＋"事中"＋

"事后"全方位的知识产权质押融资风险管理机制，强化对出质的知识产权的审查，扩大知识产权质押的监督主体和监督内容，完善知识产权质押的事后管理，力求将知识产权质押的风险降到最低。

（一）"事前"强化对出质的知识产权的审查

针对出质的知识产权的审查，应包括法律性审查、经济性审查两个方面。

1. 法律性审查

法律性审查应关注的内容应包括几下几项：

第一，知识产权的有效性，即有效的知识产权作为质押标的时应出示证明其有效的相应的法律凭证。例如，注册商标专用权作为质押标的应出示注册商标的注册证，注册证应记载商标、商标注册编号、商标注册人名称及地址、注册商标核定使用的商品或服务项目及类别，商标的注册日期等内容；专利权作为质押标的应出示专利权证书，证书上应记载有专利的名称、专利发明人的姓名、专利编号、专利申请日期和专利权的授权公告日期、专利权人的姓名或名称、时任国家知识产权局局长的签章和国务院专利行政部门的印章等。但有些知识产权并没有相关的权利证书，如著作权、集成电路布图设计权等。因此，在这些没有权利证书的知识产权作为质押标的时，一定要有所区别，并且针对没有权利证书的知识产权，可要求相关的权利人进行知识产权的权利登记，比如可以依据相关的法律法规进行集成电路布图设计权的登记，并取得布图设计登记证书。[①]

第二，出质的知识产权的权利范围。对知识产权质押的权利范围进行审查时，应明确出质的知识产权的权利界限。首先，要区别哪些是可以质押的知识产权权利，哪些是不可以质押的知识产权。从前述可知，仅有可转让的具有财产权性质的知识产权才可以质押。因此，如欲办理知识产权质押的知识产权标的，具有人身专属性的权利，如著作权中的发表权、署名权、修改权等，或是专利权中的发明人或设计人的署名权等属于不可以质押的知识产权范围。其次，要准确把握出质的知识产权标的的权利种类和范围。例如，专利权的质押从权利分类来看，可分为专利所有权的质押和专用申请权的质押，二者的权利内容、价值和风险差异较大，在审查时务必要明确；专利权的质押从权利种类来看，可分为发明专利、实用新型专利、外观设计专利的质押，三者在权利价值、保护期限等方面也有所不同。又如著作权质押时，明确质押标的的权利内

---

① 参见我国《集成布图设计保护条例实施细则》第 21 条。

容也非常重要。因为从权利种类上讲，著作财产权中包括复制权、发行权等13项权利内容，但在实践中，质权人通常只接受比较容易变现、最有价值的著作财产权中的一项或几项权利，以保证其作为标的在质权实现时能够充分发挥债权担保之功能。

第三，知识产权在法律上的稳定性。对知识产权进行法律上的稳定性的审查时应关注该知识产权的保护期限或法定的有效期内能否持续地、稳定地存在，从而保证该知识产权质权的标的有足够的功能价值和交换价值，以防知识产权质权成为一纸空文。对知识产权的稳定性审查包括对知识产权是否具有无效、撤销或提前终止的情形或瑕疵的审核和预防。

（1）明确知识产权无效的情形。知识产权的无效情形因知识产权的类型不同而有所区别。例如，针对注册商标专用权而言，我国《商标法》规定的注册商标无效情形可分为商标局主动宣告无效或由其他单位或个人请求商标评审委员会宣告无效两种类型。一方面，商标局主动宣告无效的情形具体包括：一是违反我国《商标法》第10条规定①，即使用了我国《商标法》明确禁止作为商标使用的标志作为商标；二是违反我国《商标法》第11条规定，②，即使用了我国《商标法》明确禁止作为商标注册的标志作为注册商标。三是违反我国《商标法》第12条规定③，即使用了《商标法》明确不得申请注册商标的三维标志。四是以欺骗手段或者其他不正当手段取得注册。另一方面，针对由其他单位或个人请求商标评审委员会宣告无效的情形具体包括：一是违反我国《商标法》第13条第2款和第3款的规定，即就相同或者类似商品申请注册的商标是复制、模仿或者翻译他人未在中国注册的驰名商标，容易导致混淆的；或

---

① 我国《商标法》第10条规定："下列标志不得作为商标使用：（一）同中华人民共和国的国家名称、国旗、国徽、国歌、军旗、军徽、军歌、勋章等相同或者近似的，以及同中央国家机关的名称、标志、所在地特定地点的名称或者标志性建筑物的名称、图形相同的；（二）同外国的国家名称、国旗、国徽、军旗等相同或者近似的，但经该国政府同意的除外；（三）同政府间国际组织的名称、旗帜、徽记等相同或者近似的，但经该组织同意或者不易误导公众的除外；（四）与表明实施控制、予以保证的官方标志、检验印记相同或者近似的，但经授权的除外；（五）同'红十字''红新月'的名称、标志相同或者近似的；（六）带有民族歧视性的；（七）带有欺骗性，容易使公众对商品的质量等特点或者产地产生误认的；（八）有害于社会主义道德风尚或者有其他不良影响的。县级以上行政区划的地名或者公众知晓的外国地名，不得作为商标。但是，地名具有其他含义或者作为集体商标、证明商标组成部分的除外；已经注册的使用地名的商标继续有效。"

② 我国《商标法》第11条规定："下列标志不得作为商标注册：（一）仅有本商品的通用名称、图形、型号的；（二）仅直接表示商品的质量、主要原料、功能、用途、重量、数量及其他特点的；（三）其他缺乏显著特征的。"

③ 我国《商标法》第12条规定："以三维标志申请注册商标的，仅由商品自身的性质产生的形状、为获得技术效果而需有的商品形状或者使商品具有实质性价值的形状的，不得注册。"

就不相同或者不相类似商品申请注册的商标是复制、模仿或者翻译他人已经在中国注册的驰名商标，误导公众，致使该驰名商标注册人的利益可能受到损害的。二是违反我国《商标法》第 15 条规定，即未经授权，代理人或者代表人以自己的名义将被代理人或者被代表人的商标进行注册，被代理人或者被代表人提出异议的，或就同一种商品或者类似商品申请注册的商标与他人先使用的未注册商标相同或者近似，申请人与他人具有前款规定以外的合同、业务往来关系或者其他关系而明知他人商标存在，他人提出异议的。三是违反我国《商标法》第 16 条第 1 款规定，即商标中有商品的地理标志，而该商品并非来源于该标志所标示的地区，误导公众的。四是违反我国《商标法》第 30 条规定，申请注册的商标，凡不符合《商标法》有关规定或者同他人在同一种商品或者类似商品上已经注册的或者初步审定的商标相同或者近似的。五是违反我国《商标法》第 31 条规定，两个或者两个以上的商标注册申请人，在同一种商品或者类似商品上，以相同或者近似的商标申请注册的，并且该商标不属于"申请在先的商标"或"使用在先的商标"。六是违反我国《商标法》第 32 条规定，申请商标注册损害了他人现有的在先权利，或是以不正当手段抢先注册他人已经使用并有一定影响的商标的。

（2）厘清知识产权被撤销的情形。在目前可质押的知识产权中，仅有注册商标存在撤销制度。具体而言有以下两种情形：一是商标注册人在使用注册商标的过程中，自行改变注册商标、注册人名义、地址或者其他注册事项的，由地方工商行政管理部门责令限期改正；期满不改正的，由商标局撤销其注册商标。二是注册商标成为其核定使用的商品的通用名称或者没有正当理由连续三年不使用的，任何单位或者个人可以向商标局申请撤销该注册商标。[1]

（3）防范知识产权的提前终止。例如，在专利权质押中，如果专利权人没有按照规定缴纳年费或以书面声明放弃其专利权的，该专利权则提前终止，专利权的质权无法实现。[2] 又如商标专用权，如果商标注册人没有在规定的期限内办理续展手续，商标局将对该注册商标进行注销。[3] 因此，在知识产权质押前期的审查中，一定要求质权人承诺或担保不因其故意或过失而导致该知识产权质押标的提前终止。

（4）明确知识产权质押标的的有效期。知识产权仅在特定的期间内受到法

---

① 参见我国《商标法》第 49 条。

② 参见我国《专利法》第 44 条。

③ 参见我国《商标法》第 40 条。

律的保护，此为知识产权的固有特征。但如果法律对知识产权的保护因为期限的缘故而终止，那么该知识产权作为质押的标的，就会导致质权无法实现。因此，要明确各种知识产权的法律保护期间，才能保证作为质押标的的知识产权的价值，以实现质权之功能。特别需要注意的事，各种知识产权的法律保护的期间有所不同。例如，专利权的保护期限从申请专利权之日起算，发明专利的保护期限为 20 年，外观设计和实用新型的专利权的保护期限为 10 年；而注册商标的保护期限为从核准注册之日起算的 10 年；而著作权的保护期限因为权利人的类型不同而有所区别，即著作权的权利人是自然人的，保护期限为作者终生及其死亡后 50 年，著作权的权利人是法人或其他组织的，其著作财产权的保护期限为作品发表后的 50 年。[①] 植物新品种权的保护期限，藤本植物、果树和观赏植物为 20 年，其他植物为 15 年，从授权之日起计算。[②] 而布图设计专有权的保护期为 10 年，自布图设计登记申请之日或者在世界任何地方首次投入商业利用之日起计算，以较前日期起算。但是，无论是否登记或者投入商业利用，布图设计自创作完成之日起 15 年后，不再受本条例保护。[③]

　　五是明确知识产权质押标的的区域性效力。相对于知识产权的期限性，知识产权的另一个特性就是区域性，特别是其涉及不同的主权国家和地区。一方面，要注意到的是不同的国家对知识产权的保护规则和保护力度是不同的，即使在知识产权国际化的大趋势下，如有些知识产权在一国注册即可在他国享有与本国同样的保护，但在现实社会中，还是要对知识产权的区域性保护高度谨慎。另一方面，需要注意的是，有些知识产权只能在区域范围内变卖或拍卖，这会使得知识产权质权实现较为困难或质权无法实现；更有甚者，有些知识产权在一国获得法律的认可和保护，但不一定在他国可以理所当然地获得他国法律的认可和保护。因此在知识产权质押的审查过程中，要选择符合我国法律认可并保护的知识产权。

　　2. 经济性审查

　　知识产权作为一种无形的资产，通常来说比一般的有形资产存在更多的法律风险、需要监控的内容也更复杂。知识产权质押标的物在产业上的可用性或商业化程序、是否符合国家产业政策和环保要求、经济寿命、市场前景如何以及是否属于有其他经济负担的知识产权，这些都需要仔细评估。

---

① 参见我国《商标法》第 39 条、我国《专利法》第 42 条、我国《著作权法》第 21 条。
② 参见我国《植物新品种保护条例（2014 修订）》第 34 条。
③ 参见我国《集成电路布图设计保护条例》第 12 条。

第一，从知识产权的市场前景和经济效益来看，可分为实用性和市场效益两个方面。首先，从实用性角度来看，一个知识产权的实用性，不仅是理论上的，更应该是经得起实践和市场两方面考验的。因为如果仅仅是从理论上考查某一知识产权是否具有实用性，无异于是纸上谈兵。例如，某一发明专利一旦投入生产将会产生巨大的经济效益，但是若该发明专利对生产线和对配套的技术人员的专业技术能力要求超高，在实践中很难找到满足其要求的生产企业，那么就意味着需要实现债权时，该知识产权根本无人问津，设立这样的知识产权质押就失去了意义。因此，也只有在社会实践和市场两个维度上来考量知识产权的实用性，才能让知识产权从缥缈的空中楼阁变为接地气的高楼大厦。其次，从市场效益角度来看，随着科技的进步，知识产权更新换代异常迅速。在知识产权质押时的市场预期效益较好，并不代表在实现质权时该项知识产权的市场效益依然是好的。究其原因，一方面，是因为知识产权从申请到授权到质押再到实现质权，可能经历非常久的过程，当此期间中出现周边产品或技术的更新换代，难免会影响到该知识产权的市场效益；另一方面，该知识产权的市场效益或市场前景通常是针对已公开的技术成果或产品而言的，很难避免事实上存在与该知识产权同类型的市场效益更高的技术或产品的情况。因此从知识产权的市场前景审查来看，一定要多进行横向到底、纵向到边的全方面比较和预测，才能降低其风险。

第二，从知识产权的经济效益周期长短来看，应对知识产权质押标的的经济效益周期做一个合理的预判。因为事物是发展变化的，因此，眼下知识产权即使有较好的经济效益，但考虑到知识产权的保护期限以及科学技术手段的不断创新，周边技术或产品不同程度的更新速度和效率，不同的知识产权的经济效益周期必然会有所不同。例如，注册商标使用权可能在出质时经济价值很高，但随着时间的推移，如果该注册商标在该产品服务的领域的知名度下降或商标所属公司提供的产品服务质量下降，难免会加速该注册商标价值的损耗，快速减少其经济效益周期。

第三，从知识产权是否有经济或其他负担来看，首先，应审查知识产权质押标的是否已经许可他人使用，其中包括许可使用的对象、时间、许可使用的权利范围、许可费用等问题，这些都与该知识产权能否质押、质押的担保金额大小、质权实现的可能性大小等息息相关。由于立法并未对质权的效力及知识产权许可使用费用等做出具体规定，因此当事人之间可以就知识产权质押标的的许可他人使用所获得的费用的归属或优先权予以协商，以此来尽可能保障双方当事人的合法权益。其次，审查知识产权质押标的是否负担着其他潜在的经济瑕疵。例如，某项发明专利的实施是否依赖于他人的发明专利，且他人的发明专利是否还在法律的保护期内，或是否已经获得他人的发明专利的使用许可权等，都是在知识产权审查过程中特别需要注意的内容。最后，应审查知识产权质押标的是否可能会被法律设置强制负担。根据我国现行各种法律和规章制度的规定，如下几种知识产权有可能会被设置强制负担。其一，专利权。根据我国《专利法》第49条的规定："在国家出现紧急状态或者非常情况时，或者为了公共利益的目的，国务院专利行政部门可以给予实施发明专利或者实用新型专利的强制许可。"其二，植物新品种权。根据我国《植物新品种保护条例（2014修订）》第11条规定："为了国家利益或者公共利益，审批机关可以做出实施植物新品种强制许可的决定，并予以登记和公告。"其三，布图设计权。《集成电路布图设计保护条例》第25条规定："在国家出现紧急状态或者非常情况时，或者为了公共利益的目的，或者经人民法院、不正当竞争行为监督检查部门依法认定布图设计权利人有不正当竞争行为而需要给予补救时，国务院知识产权行政部门可以给予使用其布图设计的非自愿许可。取得实施强制许可的单位或者个人应当付给品种权人合理的使用费，其数额由双方商定；双方不能达成协议的，由审批机关裁决。"

（二）"事中"增加参与主体，强化知识产权质权设立过程中的监督内容

1. 增加监督参与主体

出于化解知识产权质押风险的考量，有必要增加知识产权在质押过程中的参与主体。首先，除了银行，增加的参与主体应包括资产评估机构、担保机构、保险机构、律师事务所等多个主体。一方面，资产评估机构、担保机构、保险机构、律师事务所等中介机构，作为知识产权质押能够顺利成立的重要参与者，也应成为知识产权质押"事中监督"的重要主体。另一方面，资产评估机构等中介机构提供的专业服务，包括从知识产权质押成立前的审查到事中的参与至成立后的监督，理应贯穿于知识产权质押的全过程。

2. 强化监督内容

上述监督参与主体具体而言，各自监督的内容有所不同：

第一，对资产评估机构而言，应加强对知识产权评估的业务管理，关注该知识产权的市场变化情况以及其经济价值变化，准确评估并核查该知识产权的价值，确保该知识产权质押期间在经济价值上的足额性。如在评估过程中发现该知识产权的评估价值有明显的减少或重大减损时，应及时告知该知识产权的

质权人，及时采取相应的措施，或要求出质人增加担保，或要求出质人更换质押标的物等。

第二，对担保机构而言，作为与银行共同分担知识产权质押风险的特殊主体，当主债务人无法按期偿还债务时，其将有可能先行代为清偿，转而通过处置质押知识产权再取得相应的补偿。因此，担保机构在参与知识产权质押的过程中，一定要在知识产权标的的选择、知识产权出质人（或知识产权质押融资公司）的选择上做足够的准备工作，以最大程度上减少其承担的代为清偿债务的风险。

第三，对保险机构而言，其可以积极探索和培育知识产权保险业务，为知识产权质押保驾护航。首先，保险机构可以为资产评估师提供评估师责任险，为律师提供律师职业责任险，当因资产评估或律师法律核查不当而导致知识产权质押出现损害时，保险公司则先行赔付。其次，保险机构可以为知识产权的权利人提供知识产权侵权责任保险，积极预防和抵御因该知识产权在未来可能对他人知识产权产生的侵权损害。此外，还可以提供因第三人对被保险人的知识产权产生侵权的财产保险，以保障知识产权的权利人的合法权益。

第四，对律师事务所而言，在知识产权质权成立之前，律师事务所应专门对知识产权质押的标的进行专业的法律事务核查。特别是针对知识产权潜在的权属瑕疵、是否具有或可能产生导致知识产权质押标的被宣告无效或被撤销的情形出现、是否有产生侵犯他人知识产权的风险因素、是否有转让登记、使用权转让等情形，应建立相关的核查制度及标准，以保证知识产权质权的安全和有效。

第五，对知识产权质权人而言，在知识产权质权成立的过程中，要特别注意以下三个方面的监督和管控。

（1）要明确知识产权质押的类型和操作流程。例如，知识产权质押通常可作为企业的融资手段，被企业出质给银行以获取相应的资金用于企业的发展。在这种情形下，通常要履行质押融资申请、银行进行审批、签订质押融资合同、质权登记、知识产权权利证书的移交等程序。此外，企业还可以将知识产权作为承担其他主债权的实现，出质人可能是债务人本人，也可能是债务人以外的第三人，那么审核出质人的合法身份和知识产权的法律属性和经济情况就成为关键。

（2）要严格审查知识产权质押合同。关于知识产权质押合同，至少包括以下几点重要内容：①要明确被担保的主债权的种类和金额；②载明出质的知识产权的详细信息，包括但不限于知识产权的名称、权利的所有权人、权利内容、权利编号、权利的保护期限（含权利申请日和授权公告日期）、知识产权的评估价值等内容；③明确知识产权质押担保的主债权的范围及期间、质押金额率和质押支付方式（或方法）；④载明质押期间，即明确质押到期日，如果需要展期的，应载明可展期的期限等；⑤质押期间的质押标的物价值担保，例如是否可对知识产权进行转让，如果转让应具备哪些条件和程序，是否可以对知识产权进行使用权的许可或实施许可；⑥明确权利保证条款，如出质人应保证按期或按时缴纳相关费用或提出权利保护的续展等内容，如果出现出质人故意或过失导致知识产权权利灭失的处理方式，如果质押期间知识产权被宣告无效、被撤销时的处理方式，如存在故意不告知真相、权利瑕疵或提供虚假信息的法律后果；⑦明确知识产权质押期间违约情形、违约责任的承担；⑧载明知识产权质押相关争议的解决办法和途径以及其他需要约定的内容（如双方约定技术保密，则需要载明技术保密的范围、期限和保护的方式方法以及违约责任等）。

（三）"事后"全方位严格把控，设立风险预警机制

1. 依法有效管控被担保的主债权

在知识产权质押融资的情形下，知识产权质押的目的是获得贷款。那么作为贷款发放人的银行，应通过专门的工作机制，预防知识产权出质人未将贷款用于审批的用途或事项而挪作他用。具体而言，应建立专门的贷款用途审查和跟踪机制，定期对贷款使用情况、贷款人的财务情况、经营能力等进行审查，通过资金发放、使用规则的严格管控，确保资金按照约定的用途和期限被合理地使用。

2. 有效监测企业发展和财务状况

企业的债务清偿能力、产品或服务盈利能力、企业运营能力、行业未来的发展能力、企业的信用状况等客观因素也严重地影响着该知识产权质押的风险系数。特别是知识产权质押更多的是针对企业经营风险系数较大的中小企业。中小企业的规模和信用状况的先天不足，再加上其抵御风险能力和管理运营能力等后天的诸多畸形，导致知识产权质押后需要监测的必要性加强。因此，对以知识产权质押融资的企业，银行等监管部门应及时掌握企业财产状况，做好定期梳理企业发展情况的工作。

3. 密切关注该知识产权的市场信息及价值变动

知识产权的经济价值不仅由其本身所承载的智慧创造价值所决定，还受到市场经济等因素的影响。因此，如果市场经济变化，也不可避免地会对知识产

权的价值有所影响。因而，在知识产权质权成立后，相关人员，特别是质权人，应委托专人或专门的部门建立完善的、合理的知识产权市场信息监控机制。当知识产权质押标的物的市场价值波动较大或贬值时，或出质人违反法律规定违规使用或处分质押标的导致知识产权的价值变动时，或知识产权被依法实施强制许可而导致其价值减损时，应及时快速采取相应的补救措施，例如要求出质人提供相应的补充担保，或要求拍卖、变卖质押知识产权质押标的的，或与出质人共同协商，将拍卖或变卖的知识产权质押标的物的价款提前清偿或提存。

4. 及时依法变更质权登记内容

在知识产权质押期间，如果相关主体或事项的内容有变更的，应根据相关法律法规的规定，及时履行变更登记，为质权行使和实现清除不必要的障碍。例如，根据《专利权质押登记办法》第 17 条的规定，专利权质押期间，当事人的姓名或者名称、地址、被担保的主债权种类及数额或者质押担保的范围发生变更时，当事人应当自变更之日起 30 日内持变更协议、原《专利权质押登记通知书》和其他有关文件，向国家知识产权局办理专利权质押登记变更手续。根据《著作权质押登记办法》第 16 条的规定，著作权出质期间，申请人的基本信息、著作权的基本信息、担保的债权种类及数额或者担保的范围等事项发生变更的，申请人持变更协议、原《著作权质权登记证书》和其他相关材料向登记机构申请变更登记。根据《注册商标专用权质权登记程序规定》第10、11 条规定，如果质权人或者出质人的名称（姓名）更改，或质权合同担保的主债权数额变更的，或被担保的主合同履行期限延长、主债权未能按期实现等原因需要延长质权登记期限的，质权人和出质人双方应当在质权登记期限到期前办理变更登记。如果出质人名称（姓名）发生变更的，还应按照《商标法实施条例》的规定在商标局办理变更注册人名义申请。

5. 设立风险预警机制，依法行使质权

一方面，针对上述监督的各种事项，应合理调制预警机制，分别针对不同的情形，设置不同的风险预警等级和措施，从而提升知识产权质押风险的监管效果。另一方面，当质权行使条件已成立时，应及时果断地依法行使质权。①在质押期间，如果因不能归责于质权人的事由使质押标的物毁损或价值明显减少足以危害到质权人的合法权益时，质权人可以要求出质人提供相应的担保，如果出质人不提供补充担保的，质权人可以拍卖或变卖质押标的物，或与出质人协商，将拍卖变卖知识产权质押标的物的所得价款用于提前清偿债务或提存。②当债务人到期不能履行债务时，质权人应及时通知出质人，依法对知识产权质押标的进行折价、拍卖或变卖，亦可双方共同协商质权实现的方式和途径，当协商不成时，也可请求法院依法处置该知识产权质押标的物，保障质权人的合法权益。

参考文献

一、著作类

[1] 孙新强，于改之. 美国版权法 [M]. 北京：中国人民大学出版社，2002.

[2] 胡开忠. 权利质权制度研究 [M]. 北京：中国政法大学出版社，2004.

[3] 梁慧星. 中国物权法研究 [M]. 北京：法律出版社，1998.

[4] 高圣平. 动产担保交易制度比较研究 [M]. 北京：中国人民大学出版社，2008.

[5] 美国法学会，美国统一州法全国委员大会. 美国统一商法典 [M]. 石云山，等译. 上海：上海翻译出版公司，1990.

[6] 刘士国，牟宪魁，杨瑞贺. 日本民法典 [M]. 北京：中国法制出版社，2018.

[7] 国家知识产权局条法司. 外国专利法选译（上）[M]. 北京：知识产权出版社，2015.

[8] 何志. 担保法判解研究与适用 [M]. 北京：人民法院出版社，2010.

[9] 史尚宽. 物权法论 [M]. 北京：中国政法大学出版社，2000.

[10] 李扬. 日本商标法 [M]. 北京：知识产权出版社，2011.

[11] 《中外版权法规汇编》编写组. 中外版权法规汇编 [M]. 北京：北京师范大学出版社，1993.

[12] 卓泽渊. 法的价值论 [M]. 2 版. 北京：法律出版社，2006.

[13] 魏玮. 知识产权价值评估研究 [M]. 厦门：厦门大学出版社，2015.

[14] 费安玲. 比较担保法——以德国、法国、瑞士、意大利、英国和中国担保法为研究对象 [M]. 北京：中国政法大学出版社，2004.

[15] 世界知识产权组织. 知识产权纵横谈 [M]. 张寅虎，等译. 北京：世界知识出版社，1992.

［16］吴汉东，等．西方诸国著作权制度研究［M］．北京：中国政法大学出版社，1998．

［17］王吉法．知识产权资本化研究［M］．济南：山东大学出版社，2010．

［18］徐洁．担保物权功能论［M］．北京：法律出版社，2006．

［19］王利明．物权法研究［M］．北京：中国人民大学出版社，2002．

［20］王泽鉴．民法总则［M］．北京：中国政法大学出版社，2001．

［21］江平．物权法教程［M］．北京：中国政法大学出版社，2007．

［22］丘志乔．知识产权质押制度之重塑：基于法律价值的视角［M］．北京：知识产权出版社，2015．

二、期刊类

［1］任中秀．解释论视野下知识产权质权人权利探析［J］．知识产权，2012（2）．

［2］刘春霖．知识产权质押标的物适格研究［J］．河北科技大学学报（社会科学版），2014（2）．

［3］苗慧．权利质押初探［J］．河北法学，1996（1）．

［4］江云丰．论知识产权质权之性质［J］．南方论刊，2009（9）．

［5］巩姗姗．论担保权性质［D］．南宁：广西大学，2005．

［6］苏喆．知识产权质权的债权化研究［J］．法学杂志，2013（7）．

［7］谢黎伟．美国知识产权担保融资的立法与实践［J］．重庆工商大学学报（社会科学版），2012（4）．

［8］杨莲芬，董晓安．日本知识产权质押融资的启示［J］．浙江经济，2012（14）．

［9］祝宁波．美国知识产权抵押担保法律制度述评［J］．华东理工大学学报（社会科学版），2009（4）．

［10］主力军．完善知识产权的质押制度［J］．天津市经理学院学报，2013（6）．

［11］宋河发，廖奕驰．专利质押贷款保险模式与政策研究［J］．中国科学院院刊，2018（3）．

［12］刘沛佩．知识产权质押融资的法律依据与制度重构［J］．重庆社会科学，2010（12）．

［13］李龙．日本知识产权质押融资和评估［J］．华东理工大学学报（社会科

学版），2009（4）.

［14］张德芬. 论知识产权质权的效力——以知识产权质权客体的特点为视角［J］. 郑州大学学报（哲学社会科学版），2010（2）.

［15］谢发福. 论知识产权的财产性和可转让性［J］. 甘肃科技纵横，2009（2）.

［16］张耕，唐弦. 论我国著作权质押制度的立法完善［J］. 中国版权，2004（2）.

［17］田力普. 积极实施国家知识产权战略 创新发展知识产权资产评估事业［J］. 中国资产评估，2007（12）.

附　录　绵阳市知识产权质押实现路径研究报告

何礼果　羊海燕　蹇　勇　贺海燕

摘　要：知识产权质押使知识产权质押贷款突破了传统实物抵押模式，是适应科技型企业特别是科技型中小企业自身发展特点的融资方式，是提高科技资源利用效率的最佳融资方式。我国在开展和探索知识产权质押以来，杭州、北京、成都等地区的先进运行模式，值得我们学习和推广。笔者在借鉴和创新的基础上，设计了符合绵阳市知识产权质押实情的运行模式。在以生产力促进中心为核心的政府机构的主导下，与知识产权局、科技局以及中介机构形成合力，发挥政府资金的杠杆作用，以多主体参与为运行机制，降低知识产权质押风险。

关键词：知识产权质押；先进模式；借鉴与创新；运行模式设计

2014年12月，国务院颁发了《深入实施国家知识产权战略行动计划（2014—2020年）》文件，该文件强调：中央财政通过相关部门的部门预算渠道安排资金支持知识产权战略实施工作。引导支持国家产业发展的财政资金和基金向促进科技成果产权化、知识产权产业化方向倾斜。完善知识产权资助政策，加强知识产权主管部门和产业主管部间的沟通协作，制定发布重大经济活动知识产权评议指导手册，提高知识产权服务机构评议服务能力。到2020年，力争实现1800亿元的预期目标。《国家知识产权战略纲要》明确指出：要"引导企业采取知识产权转让、许可、质押等方式实现知识产权的市场价值。"

知识产权质押作为推进科技金融的一种重要融资方式，尽管该融资模式在欧美发达国家已十分普遍，但在我国仍处于起步阶段。为了推进科技金融进一步发展，解决拥有专利技术、商标、著作权等知识产权"轻资产"的融资难题，使科技型中小企业的"知本"顺利转化为"资本"，国内不少城市都已开始进行中小企业知识产权质押贷款试点。这些试点主要面向中小企业，通过运用知识产权质押贴息、扶持中介服务等手段，降低企业运用知识产权融资的成本，在专业评估机构和银行之间搭建知识产权融资服务平台，以之实现科技与金融的有效对接。早在 2008 年，国务院就号召在全国范围内大力开展知识产权质押融资，但政府扶持政策较少，银行因规避风险而"惜贷"，在很大程度上阻碍了知识产权质押融资的进程。据统计，截至 2017 年底，我国发明专利申请量为 138.2 万件，共授权发明专利 42.0 万件，质押项目数 4177 项，我国专利权质押仅占专利权授权的 0.2％左右。专利权质押融资比例如此之低，大大出乎人们的预期，这不利于专利权转化为现实生产力，无法实现专利权质押制度鼓励企业进行技术创新的预期目的。

尽管知识产权质押贷款发展潜力巨大，但一个关键词还是被推到了浪尖：风险。面对这样的一个词，银行慎之又慎。原因很简单，知识产权评估难、变现难、风险大。除了在是否具备核心竞争力、改进性和专利收益期限的长短上存在疑问，专利转让时能否顺利地找到下家也是个难题。知识产权质押的运行效果与预期相去甚远，出现了知识产权质押"叫好不叫座"的虚幻繁荣，人们甚至认为这一创新金融模式是"看上去很美"的融资花架。

一、研究背景和意义

中南财经政法大学知识产权研究中心主任曹新明表示，应加强知识产权质押融资、促进知识产权与金融资源的有效融合，有助于拓宽中小企业融资渠道，改善市场主体创新发展条件，促进创新资源良性循环，有助于建立基于知识产权价值实现的多元资本投入机制，通过增值的专业化金融服务，有效促进知识产权转化运用。纵观全国，2017 年，全国实现专利质押融资总额 720 亿元，同比增长 65％；专利质押项目数 4177 项，同比增长 60％。与此同时，2017 年全年，我国专利、商标、版权质押融资总额超过 1000 亿元。①

反观绵阳，我市专利权质押贷款工作，早在 2009 年 11 月就正式启动了，我市进行了两年的四川省专利权质押融资试点，并在政策制定、平台建设等方面取得了一定成效。2012 年 10 月，国家知识产权局正式将绵阳市列为全国知识产权质押融资试点城市，绵阳成为四川省继成都市之后的第二个进入"国家队"的知识产权质押融资试点城市。2016—2017 年，我市认真贯彻落实《关于深入实施知识产权战略加快建设西部知识产权强省的意见》《四川省知识产

---

① 具体参见《中国知识产权报》，2018 年 2 月 5 日第 3 版，http：//www.sohu.com/a/257136847_100239061.最后访问时间：2018 年 8 月 7 日。

权战略行动计划（2016—2020 年）》和《四川省"十三五"知识产权保护和运用规划》，市政府制定出台了《绵阳市知识产权战略行动计划（2016—2020）》《绵阳市建设知识产权示范城市实施方案》，加强顶层设计全市未来五年知识产权工作，明确目标任务，要求在知识产权示范城市建设中，坚持改革创新，以知识产权运用和服务为重点，促进知识产权创造运用与产业发展的紧密融合，努力推动知识产权工作再上新台阶。2016 年 5 月，国家知识产权局正式批复绵阳市为国家知识产权示范城市。据此，绵阳市由知识产权试点城市正式成为知识产权示范城市。为了打造知识产权示范城市，绵阳市知识产权局、人民银行、绵阳市中心支行等部门，积极向上争取政策支持，加强窗口指导和政策引导，推动辖内金融机构出台一系列金融支持政策，以及制定"科技和金融结合试点"的具体工作措施，并取得初步成效。

（一）多部门建立联合运行机制，推进知识产权质押工作

在知识产权质押融资试点城市建设过程中，知识产权局、科技局、人民银行绵阳市中心支行等部门加强业务指导和政策引导，积极搭建"政银企担保评院"七方对接平台，在专利专项资金中安排专利质押融资、专利保险补贴、贷款贴息，降低企业融资成本，鼓励金融机构创新金融产品和服务方式，合力推动科技型中小企业"知本"变"资本"，助推科学技术向现实生产力转变。2016 年绵阳市新增专利申请量达 10168 件，同比增长 34.57%，发明专利申请量达 3914 件，占总量的 38.49%，专利授权量达 4890 件，同比增长 11.98%，万人发明专利拥有量达到 6.27 件；新增专利实施项目 1502 项，新增产值 195.08 亿元；全市知识产权质押融资总额累计突破 3 个亿。2017 年全市新增专利申请 10889 件，发明专利申请 4407 件，新增 PCT 专利申请 21 件，获得专利授权 4749 件；全市万人发明专利拥有量达 8.54 件；年度知识产权质押贷款首次突破 1 亿元，全市知识产权质押贷款累计突破 4 亿元，新增专利保险 70 件，保额 567 万元；新增专利实施项目 1697 件，新增产值 218.27 亿元。

（二）定制个性化金融产品，知识产权质押贷款余额稳步上升

全市金融机构针对处于不同周期的科技型中小企业和科技型企业的"高风险、轻资产"的特点，建立差异化风险容忍机制，制定个性化融资产品，灵活采取"不动产抵押（股权）＋知识产权质押""票据＋知识产权质押""应收账款质押＋知识产权质押"等多种混搭组合方式，积极开展知识产权质押融资，并相继推出"勿等贷""才升道""创业一站通"等 30 余种科技金融信贷产品，

成立科技支行和科技金融服务中心 8 个；高新区正式挂牌国家知识产权试点园区，涪城区被国家知识产权局批为知识产权强县工程试点区。资料显示，2014 年 1 至 10 月，绵阳市专利申请 4463 件，同比增长 34.76%，其中发明专利申请 1690 件，占申请总量的 37.87%；专利授权 2544 件，同比增 2.79%。自试点来，全市金融机构累计办理知识产权质押融资 39 笔，金额 16212 万元，有效支持了重业齿轮、固锐实业、三阳塑胶、中物科技等 19 户拥有自主知识产权的科技型企业发展。截至 2015 年 3 月末，绵阳市知识产权质押贷款余额 6290 万元。知识产权质押融资已对专利权、商标权、著作权质押融资全覆盖，累积发放金融及单户单笔金额均居全省前列，有效满足了具有"高风险、轻资产"特征的科技型企业的融资需求。2016 年，我市以两个"一号工程"中战略性新兴产业知识产权的创造运用为重点，大力支持高新技术企业、知识产权试点示范优势培育企事业单位的知识产权创造和运用，鼓励企业加大自主创新力度并通过购买、兼并、许可等方式获取知识产权。大力探索专利运营，积极参与四川省知识产权运营资金的组建，区、市两级财政投资入股 2000 万元。主动与四川省知识产权运营基金对接，推荐融资企业 30 家，着力解决科技型中小企业资金短缺与知识产权转化难问题。全市专利质押融资累计总额 2.8 亿元，参加专利保险企业户数达 23 家。2017 年，按照"知识产权强企年"安排，我市积极开展企业贯标工作，支持 28 家企业开展知识产权贯标，着力提升企业知识产权制度的运用能力。继续加强知识产权质押融资工作，帮助企业与金融机构、知识产权运营基金对接，积极解决知识产权融资需求。帮助企业知识产权质押融资贷款 1 亿元，全市专利质押融资总额累计突破 4 亿元；协助 8 家企业的 70 件专利进行保险，保险金额达 567 万元。

（三）经济增长方式转变尚需加大知识产权质押力度

知识产权质押在各职能部门和银行等部门的积极推动下，取得了不错的成绩。实际上，对广大中小企业而言，其虽然拥有很多自主知识产权等无形资产，但由于不能满足商业银行的传统贷款模式所要求的抵押担保条件，普遍存在贷款融资困难的问题，很多科技型中小企业倒在了企业发展的"死亡之谷"阶段，严重影响了企业的科技成果转化和发展壮大。因此，在很大程度上，知识产权质押贷款未能从根本上解决科技型中小企业发展过程中的资金瓶颈，科技资源优势并未得到充分凸显，这是绵阳（中国）科技城建设亟待解决的重要问题。

为此，由绵阳职业技术学院、中共绵阳市委党校、西南科技大学城市学院

（后因工作调动，该课题组成员调入西南医科大学）、中国人民银行绵阳市中心支行以及绵阳市商业银行等单位，共同组建了课题研究小组，于2016年申报了绵阳市社科联年度规划项目，获准立项为年度规划项目，并顺利按时结项。该项目"绵阳市知识产权质押实现路径研究"获得绵阳市第十五次社会科学优秀科研成果奖。在此研究基础之上，课题组仍然以绵阳的知识产权质押为研究对象，课题组的成员不断优化研究思路，不断完善研究路径，于2017年向四川省科技厅申报了软科学项目：提升知识产权质押实效的法制政策研究——以绵阳市"知识产权质押融资试点城市"建设为视角，旨在厘清知识产权质押的制度制约因素，从法律制度建设和完善方面构建助推知识产权质押的制度环境。

自课题立项以来，在课题组负责人何礼果教授的带领下，课题组成员分别进行了国内外文献研究和专家咨询，以及知识产权质押示范地区的实地调研等研究，对如何推进知识产权质押有了较为全面和深刻的认识，对北京、上海、杭州、成都等地区的知识产权质押措施和科技与金融结合所积累的经验有了切身的感受，并结合绵阳实际情况，借鉴和参考示范区的成功案例，提出了完善知识产权质押的对策和建议。

二、知识产权质押融资示范区运作模式之比较分析

知识产权交易网宣言里写着这么一句话："在我国尚有90％以上的专利、版权和闲置商标还躺在实验室和办公室里'酣酣睡眠'。我们实在需要一根哈利·波特的魔法棒，去唤醒那些沉睡着的知识产权，将它们变成宝贵的财富！"

在调研过程中，我们发现，不少资金短缺而又拥有知识产权的企业，在知识产权融资路上走得可谓曲折艰辛，普遍存在政府在支持、银行在试验、企业在呐喊的局面，政府、银行、企业在知识产权融资道路上，如何合作共赢，再次成为各界关注的焦点。对于渴求发展资金的科技型中小企业而言，只有企业努力为知识产权融资，政府和银行重视知识产权融资，方能营造良好的企业可持续发展软环境。

虽然知识产权质押融资的实施效果总体差强人意，但是全国也出现了北京、上海、杭州等堪称知识产权质押融资典范的先进地区，并值得借鉴和参考。

（一）"杭州典范"的运行模式探究

通过课题组研究人员的实地调研和考察，杭州市的知识产权质押工作虽然起步不是最早，但其独特的操作模式和运行机制却使得"杭州模式"享誉全国，成为破解科技型中小企业融资难的典范，许多政府和地区纷纷观摩学习和借鉴。

以往科技型企业得到融资支持不外乎三条路径：去银行排队办贷款，向政府申请补贴，被风投要求卖股份。在知识产权质押工作实践中，杭州模式的特点就是：创新科技金融工作，以投融资平台建设为中心，以市创投服务中心、政策性担保、创投引导基金三大体系建设为保障，引导各类资本要素向科技型企业、向杭州大力发展的十大产业集聚。

浙江省杭州市在"平台＋银行＋担保公司"合作模式上进行了积极探索。杭州创新知识产权公共服务平台、杭州银行、中国银行滨江支行、杭州高科技担保公司签署了知识产权质押融资贷款合作战略协议，共同推动该模式。同时，浙江省还开始启动商标专用权直接质押贷款。浙江省工商局、人民银行杭州中心支行联合出台了《浙江省商标专用权质押贷款暂行规定》，拥有商标专用权的企业只要向银行提出商标专用权质押贷款申请，在经过商标专用权评估、银行核审、银企双方签订《商标专用权质押书面合同》，并取得工商总局出具的《商标专用权质押登记证》后，即可获得银行贷款。这种做法为其他地方知识产权质押贷款的开展提供了很好的借鉴。

1. 政策性基金引导激发资金的造血功能

首先，由杭州市政府从以往单一安排拨款资助的科技三项经费预算中，根据国家发展改革委员会、科技部的要求，专门设立不以营利为目的的政策性基金——创业投资引导基金，结合科技行政工作，旨在通过扶持商业性创业投资企业的设立与发展，引导社会资金对科技型初创期企业进行股权投资，引导创业投资企业关注杭州十大产业及初创期科技型企业。这一举措，既吸引了投资机构在杭设立新的创业投资企业，也吸引了大批资金支持杭州企业的创新活动。

2. 政策性科技担保——打开融资的大门

作为杭州地区目前规模最大、运作最规范、口碑最好的政策性科技担保公司，杭州市高科技担保公司的注册资金全部来自市科技三项经费。其年均担保额从成立之初的 2800 万元增至 10 亿元，保持每年翻番。至今，其累计为全市科技型中小企业担保贷款超过 25 亿元，受惠的科技型企业超过 750 家，且全是为中小型科技企业，户均贷款额 300 万元。

相比一般担保机构的担保额与注册资本之比 3~5 倍的放大倍数，市高科技担保公司的担保放大倍数达到了 7 倍，在杭州名列前茅，其工作流程和服务理念获得银行的高度认可。目前，除杭州银行科技支行，与科技担保共同承担贷款风险的合作对象已扩大到了中国银行、杭州联合银行、萧山合作银行。

高科技担保公司在实践中，突破了传统的银行及担保机构审贷模式，推出了"联合贷审会"等管理方式。这改变了以往传统审贷中只看企业过去、现在、可抵押物的传统做法，更加看重企业财务规范性、未来的发展空间，给融资企业一个客观、科学的评价。如此一来，这种方式实实在在地为以轻资产为主的科技型企业贷款打开了一条通路，有超过 200 家科技型企业是成立以来首次获得了银行的贷款支持。

同时，积极为科技型中小企业降低融资成本。杭州银行科技支行以基准利率给科技型中小企业贷款，高科技担保公司担保费平均低于 2％且不向企业收取任何保证金。同时，市科委和市财政合作，对入选市"雏鹰计划""青蓝计划"的科技型中小企业，连续五年给予企业贷款基准利率的 50％贴息支持。

3. 联合天使担保基金，解决科技型中小企业缺少实物资产抵押的难题

如何更好地降低区、县（市）科技型中小企业的融资门槛和融资成本，杭州市高科技担保公司也有妙计。最值得一提的是其中一大创举——"联合天使担保"（风险池）基金。杭州高科技担保公司，区、县（市）科技部门，银行三方按照 4：4：2 的比例承担风险，区、县（市）承担的风险以其出资额为上限。

这样的运行机制，使区、县（市）科技型企业获得了更多的金融支持，而未增大其财政负担。而且，所有参与贷款企业审批的决策者亦都是风险的承担者，避免了人情项目及利益寻租的机会。最重要的是，有区、县（市）相关部门的参与，为担保机构、银行提供了更加透明和通畅的信息渠道，从而降低了由信息不对称带来的风险，提高了政府资金的使用效率。

据了解，在各区、县（市）政府和科技部门的支持下，杭州市"联合天使担保"风险池基金已覆盖至 12 个区、县（市），规模超过 1 亿元，为科技型中小企业提供的授信额度超过 10 亿元。

另外，高科技担保公司积极和创投机构合作，对于获得创投机构投资的企业给予信用贷款。贷款采用"50％原则"确定，即企业担保贷款额度是投资机构投资额的 50％，股权抵押数量按照投资价格的 50％确定。

这一模式不但是对科技型中小企业股权价值的认可，也解决了企业缺少实

物资产抵押的难题，并且是对投资机构和企业的双重增值服务。2012 年，仅高科技担保投贷结合的"跟进保证担保业务"量突破 1.5 亿元，比 2011 年中增长 100％以上。截至 2017 年 12 月，杭州市高科技担保已经支持了近 2000 家企业，担保融资约 70 亿元，放大财政出资 35 倍，同时为企业节约融资成本近 2 亿元，与超过 20 家银行达成合作。在他们的帮助下，华铁建筑已在上证 A 股上市，华普永明、灵汇等 9 家在新三板挂牌，多家企业被上市公司并购。

（二）值得借鉴推广的成都市模式

作为全国首个知识产权工作示范城市的成都市，其知识产权服务体系以及知识产权质押融资的"成都市模式"，备受全国相关机构的高度关注：促进知识产权创造运用，助推产业转型升级创新发展。掌握知识产权、用好知识产权，有利于加速创新成果向现实生产力转化，促进产业发展提质增效。要坚持促进创造、有效运用"两手抓，两手都要硬"，下更大功夫推动建立企业、高校、科研院所、服务机构知识产权产学研协同创造模式，围绕重点产业开展专利导航，加强高价值专利培育和布局，大力发展知识产权密集型产业；下更大功夫促进知识产权高效运用，创新知识产权金融服务，深入推进知识产权质押融资和专利保险，推动知识产权运营机构、基金、平台和产业有机融合、联动发展；下更大功夫推动建立重大经济科技活动知识产权评议制度和重点领域知识产权分析报告发布制度，打造一批知识产权众创空间、特色小镇和军民融合知识产权"双创"示范基地，服务创新创业和产业发展。

成都市实施的知识产权质押融资模式，通过政府引导，银行联动的知识产权质押融资平台，切中要害地解决了初创型中小企业融资瓶颈。更值得借鉴的是，在这个过程中，成都市创新地引入了风险投资理念，通过风投联动分担风险，放大资金池，这对中小企业的发展非常关键。这样的模式，很值得借鉴推广。

1. 多部门、多机构共同参与，构建立体综合风险防控体系

成都市从 2008 年正式启动知识产权质押融资探索，如今已进入探索创新的深水区。成都市探索的知识产权质押融资政策体系，并非简单地由担保基金为有知识产权的企业担保，而是在不断地改进和创新。成都市科技局（知识产权局）与成都市银行签订《成都市知识产权质押担保融资合作框架协议》，成都市生产力促进中心作为知识产权质押融资的具体实施机构，与成都市银行支行签订《知识产权质押担保融资合作实施办法》。与此同时，成都市模式成功地引入风险投资公司、知名律所，建立了贷款担保风险综合防控体系；按市场

规律为知识产权融资寻找新的方式。

在实际运行中，成都市已将保险业纳入知识产权融资中，由保险机构承担50％风险，于是生产力中心承担的风险降为45％，银行则只需承担5％的风险。保险进入后，保险机构参与对企业的监管，降低了企业经营风险，也分担了担保风险。

与此同时，成都市中小微知识产权质押融资业务，还使具有专利代理资质的泰和泰律师事务所参加进来，该所的金融律师和知识产权律师提供的针对性服务，起到了降低成都市中小企业承担法律风险的作用，提高了其应对风险的能力；另一方面，也进一步完善了公司知识产权质押融资的自身评价体系。

专业律师事务所还对已质押的知识产权是否正在发生或将要发生的重大确权诉讼、侵权诉讼、专利无效、商标异议与撤销上进行必要监控，以增强中小企业对法律风险的把控能力。目前，成都市除生产力促进中心外，还有多家服务机构也参与到知识产权质押融资的探索工作。开展的质押融资服务已出现四种方式：成都市生产力促进中心"政府担保基金＋服务机构（担保）＋银行＋评估"，成都市高新科技信用担保有限公司"担保＋银行＋评估"的方式，成都市中小企业信用担保公司"担保＋银行＋律所"方式，招商银行成都市分行"评估＋银行"的方式。多种服务方式既满足了市场需求，又使探索和创新不断推进，知识产权质押融资促进了特殊发展阶段的科技型企业的发展，其作用十分突出，对成都市国际创新型城市的建设也有着积极意义。

2. 生产力促进中心弥合企业与银行间的鸿沟

根据现有金融机构的管理体制、考核办法以及其市场化运作的工作定位而确定的风险容忍度，为企业发放贷款的风险将大部分转移到中介机构上，这使服务机构往往要承担一定的责任风险和资产风险。生产力促进中心作为知识产权质押的服务机构，是否可以弥合企业与银行间的沟壑呢？

成都市的解决办法是，在服务机构工作开展初期给予其适度的资金和政策扶持、成都市科技局（知识产权局）通过生产力促进中心设立4000万元知识产权质押融资专项担保基金。有了担保基金，成都市银行就以1：3的比例放大为生产力促进中心提供1.2亿元的贷款授信额度，成都市银行和生产力促进中心按照1：9的比例承担贷款风险。

由此，生产力促进中心为企业向银行的短期贷款提供连带责任担保，企业将自有知识产权质押给中心进行反担保，并以业主信用及其他方式承担连带担保责任，银行为符合条件的企业提供贷款。因风险控制，贷款期限不超过1年，贷款金额最初不超过100万元，目前已提高至500万元。

（三）北京、上海浦东和武汉知识产权质押融资的三种模式对比分析

从国内各地方的知识产权质押融资运作模式来看，北京、上海浦东、武汉三种模式也成为各地借鉴和学习的对象。总体而言，北京模式是"银行＋企业专利权/商标专用权质押"的直接质押融资模式，上海浦东模式是"银行＋政府基金担保＋专利权反担保"的间接质押模式，武汉模式则是在借鉴北京和上海浦东两种模式的基础上推出的"银行＋科技担保公司＋专利权反担保"混合模式。这几种模式主要涉及银行、企业、政府、担保公司等多方主体。

1. 参与主体功能与角色定位分析

（1）政府在知识产权质押中的功能定位。北京模式中，北京市科委充分发挥政府的引导、协调、扶持和服务功能，对知识产权质押贷款业务给予一定比例的贴息支持，并承担了相应的服务功能；上海浦东模式中，浦东生产力促进中心提供企业贷款担保，企业以其拥有的知识产权作为反担保质押给浦东生产力促进中心，然后由银行向企业提供贷款，与上海银行约定承担95％～99％的贷款风险，而浦东知识产权中心（浦东知识产权局）等第三方机构则负责对申请知识产权贷款的企业采用知识产权简易评估方式，简化贷款流程，加快放贷速度，各相关主管部门充当了"担保主体＋评估主体＋贴息支持"等多重角色，政府成为参与的主导方；武汉模式中，武汉市知识产权局与武汉市财政局共同合作，对以专利权质押方式获得贷款的武汉市中小企业提供贴息支持，知识产权局负责对项目申请进行受理、审核及立项，财政局负责对所立项目发放贴息资金，和市知识产权局共同监督，各主管部门发挥了"服务型政府"的相关职能，并且在具体职能上做了一定科学合理的分工。

（2）商业银行的地位和作用。北京模式中，交通银行北京分行根据支持服务科技型中小企业的市场定位，不仅推出了以"展业通"为代表的中小企业专利权和商标专用权质押贷款品种，而且还推出了"文化创意产业版权担保贷款"产品，可以说，交通银行北京分行充当的是主动参与的"创新者"角色；上海浦东模式中，上海银行浦东分行承担的风险为1％～5％，在知识产权质押贷款方面持非常谨慎的态度，认为控制风险最重要，在发放贷款方面比较被动；武汉模式中，相关金融机构在专利权质押融资方面表现还是颇为积极，如交通银行武汉分行已办理了10多笔专利权间接质押贷款，而人民银行武汉分行正在尝试推出专利权直接质押贷款。

（3）中介服务机构的作用。北京模式中，北京市经纬律师事务所、连城资

产评估有限公司、北京资和信担保有限公司等中介机构共同参与提供专业服务，收取一定的费用，各自按比例承担一定的风险。其中经纬律师事务所主要承担的是法律风险，连城资产评估有限公司主要承担专利权、商标专利权等无形资产的评估工作，资和信担保有限公司则主要提供担保。正是因为这些专业中介机构的参与，基本上解决了知识产权质押融资业务中的一系列难题，使得北京地区的质押融资工作得以顺利开展。上海浦东模式中，浦东生产力中心作为政府职能延伸承担了95％以上的风险，在评估方面主要是由该中心综合企业经营状况等各方面因素进行简单评估，因此并没有引入专业中介机构参与运作。武汉模式中，引入的中介机构主要是武汉科技担保公司，该公司在武汉市科技局和知识产权局的要求与支持下，尝试以未上市公司的股权、应收账款、专利权、著作权等多种权利和无形资产作为反担保措施，其中专利权质押的方式由尝试走向推广。

由是观之，北京模式是一种以银行创新为主导的市场化的知识产权质押贷款模式。这种模式下，交通银行北京分行通过金融产品创新和金融服务创新，在知识产权质押贷款方面取得了积极进展，带来了一定的社会示范效益，并引领北京的知识产权质押贷款工作快速、全面展开。其服务对象主要集中在环保节能、生物医药、IT技术、新材料及影视文化版权等行业。

上海浦东模式是一种以政府推动为主导的知识产权质押贷款模式。其对象主要是科技型中小企业，分布在集成电路、电子、材料、新材料、软件等浦东新区重点发展的高科技行业。客观来讲，在浦东新区知识产权质押融资推出的初期阶段，这些以政府为主导的创新尝试和大胆举措，既促进了浦东新区知识产权质押融资平台建设，又推动了浦东新区科技发展基金的良性循环使用。

武汉模式作为一种混合模式，在实践中也进行了一些创新。其中最大的亮点是引入了专业担保机构——武汉科技担保公司，一定程度上分解了银行的风险，促进了武汉市专利权质押融资的开展。

2. 北京、上海浦东、武汉三种模式之局限性分析

三种模式虽然具有许多特点和优点，但在运作过程中仍存在着一些个性和共性的问题。就个性问题而言，北京模式：门槛高、小企业难以受益。具体表现为：一是贷款门槛高、风险大，贷款额度一般是1000万元，最高不超过3000万，一旦发生坏账，银行和其他中介服务机构将承担巨大的损失；二是贷款对象有一定的局限性，贷款客户群主要集中在处于成长期、有一定规模和还款能力的中型企业，基本上将小型和微型企业排除在外。上海浦东模式：由于政府承担着主要风险，一旦产生坏账则主要由政府买单，政府在风险承担中扮

演着重要角色。因此，从长远来看，这种做法并不可取，也不具备推广价值。因此上海市金融服务办公室、上海市知识产权局正在通力合作，尝试推出一种以金融创新和知识产权创新推动科技创新，且符合上海国际金融中心定位、具有上海地方特色的全新知识产权质押贷款模式。武汉模式：操作过程受实际条件制约。武汉直接质押贷款尚未开展的原因是多方面的：一是当地银行认为直接质押贷款风险过大，难以控制和操作，不愿意尝试；二是武汉资产评估机构服务水平与武汉市专利权质押融资工作的要求还存在一定的差距；三是武汉城市经济发展水平有限，客观上难以支撑中小企业专利权质押融资工作大规模开展。

3. 三种模式在运行中存在的风险问题解析

（1）法律风险，缺乏相应的保障。目前，我国知识产权法律制度的建设尚不能满足知识产权质押全过程的制度需求，知识产权特征决定了，商标专用权和专利权本身存在较大的权利不稳定性，权利人的权属与权益存在不确定性，从而可能导致权属争议。法律风险的核心风险是确权风险，它决定了知识产权价值评估是否有意义、质押能否成立，以及当出现风险时能否顺利变现。

（2）估值风险，缺乏可靠的评估。受知识产权特征所决定，商标专用权和专利权本身存在较强的专业性和复杂性，导致其财产权利在市场化过程中存在不确定性，进而影响其市场评估价值；由于其价值评估与传统意义上的有形资产估值存在较大差异，因此评估立场、技术、方法、模型、参数的选择直接影响其市场评估价值。估值风险主要是价值评估的不确定性风险，它决定了贷款额度等基本授信要素，还决定着企业的还款来源和还款意愿。

（3）经营风险，缺乏确定的价值。企业作为权利人，其自身的经营管理与资源配置决定了商标权或专利权能否创造应有的市场价值，是否能够给企业带来稳定的现金流，即决定了借款企业的第一还款来源。

（4）处置风险，缺乏流通的渠道。受产权特征所决定，商标专用权和专利权的交易方式、手段和场所均有特殊要求，其变现过程复杂且存在不确定性，进而，当贷款出现风险时，质物处置通道不畅，风险不能够被快速有效地控制、转移、分散或化解，贷款银行信贷资产质量将会恶化。质物如何处置，是商业银行健康开展知识产权质押贷款业务的关键问题之一，也将真正考验贷款银行经营风险的能力。

从 2009 年国家首批知识产权质押融资试点建立以来，我国已经建成了以实现知识产权价值为目的的多层次、多元化和多渠道的知识产权质押融资体系，并通过经济、法律、行政等手段，如贴息贷款、提供担保、风险补偿等，积极引导和推动知识产权质押融资的发展。

简而言之，我国目前通行的知识产权质押融资方式主要有两种：一是政府补贴融资成本型，该模式主要特点是政府直接出资为获得知识产权质押的企业提供贷款贴息，如北京模式；二是政府出资承担风险型，该模式的显著特点就是具有政府背景的中介服务机构为企业担保，政府则指定商业银行为质权人提供贷款，并承担贷款风险，如上海、杭州模式。

三、进一步推进绵阳知识产权质押融资运行模式设计

如前文所述，知识产权作为特殊的无形资产，其价值实现与产权拥有人的依附性很强，很难独立实现其自身价值，因此流通不畅、变现能力差，加之银行不熟悉知识产权相关业务，难以针对企业项目的技术水平做出专业判断，其管理成本也高，风险大，缺乏营利能力。再者，被担保的企业，大都具有高技术、轻资产、信用缺乏的特点，如果仅仅运用市场机制这只"无形之手"来满足科技型中小企业的资金需求，必然出现"市场失灵"。为此，以政府为主导的"有形之手"进行引导和调控，成为大力推进知识产权质押工作的逻辑起点和必由之路。

（一）知识产权质押运行模式设计原则

1. 遵循"政府引导、市场化运作"原则

绵阳是国务院批准设立的中国唯一科技城，反观其知识产权质押融资现状和环境：一方面，尽管我市的知识产权质押工作已经取得了较好的成绩，但是知识产权质押工作仍处在起步阶段，这是不争的事实，主要表现为专业中介机构为数不多，不能满足科技型中小企业知识产权质押的中介服务需求。另一方面，政府相关部门的引导和促进作用还未能得到充分发挥，在一定程度上，知识产权质押融资的风险还积聚在商业银行和科技型中小企业，这两个因素成为制约我市知识产权质押向纵深推进的瓶颈。

毋庸置疑，绵阳市还处于知识产权质押工作的不成熟阶段，市场化程度较高的"政府创造环境推动型"的模式并不适用于现在的绵阳市知识产权质押，政府的主导和推动作用尤显重要。与此同时，市场机制的作用也不容忽视，如果知识产权质押工作的推进完全听令于政府的行政指令，该模式就违背了市场机制的一般规律，不利于知识产权质押的长期、稳定和健康发展。

基于此，我们在设计绵阳市知识产权质押融资模式时，既需要政府积极引导和主动承担风险，也需要对市场机制作用高度重视，二者不可偏废。具体而言，我们在借鉴杭州、上海、北京等地的先进经验的同时，还应该考虑绵阳科技城的金融现状和地缘特点，在模仿和创新中设计符合地方特色的知识产权质押融资模式，建立多元化的风险分担机制，同时建立风险补偿机制，从根本上突破该项工作的制约瓶颈。

2. 多主体参与，共担融资风险原则

不可否认，知识产权质押工作推进的主要障碍就是高风险的过度集聚，无形资产的估值不稳定、质物处置变现难，以及资金供给者与资金需求者之间的信息不对称。如果仅仅让银行承担所有风险，基于银行这个"经济人"的"理性选择"，知识产权质押是很难实施和推进的。因此，我们必须建立多主体参与的风险共担机制和风险控制体系。具体而言，参与主体应当有：政府部门、科技型企业、商业银行、保险公司、中介机构等。

（二）绵阳市知识产权质押运行模式设计

我市现行的知识产权质押运行模式，绵阳市科技和知识产权局承担了质押融资资助项目的筛选和评审工作，由市财政局、科技和知识产权局对资助项目进行后期的跟踪管理和项目实施的绩效评价。绵阳市商业银行科技支行则负责知识产权质押项目的进一步审定和贷款的发放，市级财政每年安排一定资金，分别设立科技创业投资引导基金和信贷融资风险补偿资金池，综合运用无偿资助、偿还性资助、创业投资引导、风险补偿、贷款贴息等多种方式，扶持创业投资企业发展、引导商业银行创新信贷产品，积极开展科技型中小企业投融资服务，放大金融机构对企业的投资规模，逐步形成政府、金融机构、企业以及中介机构多元参与的信贷风险分担机制。与此同时，我市专门设立了专利资助与奖励专项资金，主要用于专利申请资助、专利实施资助与奖励、优秀专利奖励和中介机构扶持等方面。这些政策举措，在较大程度上保障了绵阳市政府对科技金融服务平台建设的投入，推动了科技金融服务平台的逐渐壮大与完善。

纵观绵阳市知识产权质押运行模式，缺乏有政府背景的行政核心机构全面推进和指挥运作知识产权质押，在市知识产权质押工作的风险分担机制设计中，出现了政府机构的"缺位"。笔者建议，应当借鉴"成都市模式"的运行机制，建立以生产力促进中心为核心的政府机构，以政府专项资金和公信力分担知识产权质押风险，并负责开展知识产权质押的日常工作，研究制订实施方案和具体工作计划和措施，建立知识产权质押联系会议制度和座谈会制度，及时解决知识产权质押工作中出现的问题，由资产管理公司、律师事务所和资产评估机构提供项目评审和跟踪监督服务（见图1）。

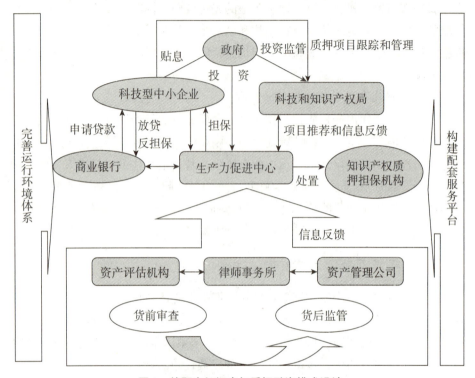

图1　绵阳市知识产权质押融资模式设计

在这种模式下，具有政府背景的生产力促进中心是核心机构，与市科技和知识产权局形成政府合力，对知识产权融资项目进行评估和筛选，分担风险，并且与资产评估机构、律师事务所和资产管理公司等专业服务机构结成合作伙伴关系，形成一套科学合理的服务体系。

首先，由市科技和知识产权局向生产力促进中心推荐优质质押项目，进入项目管理库。当科技型中小企业向商业银行申请知识产权质押贷款，应当同时向生产力促进中心申请信用担保，生产力促进中心委托资产评估机构和律师事务所就该项知识产权进行其经济价值和法律权属贷前审查，再与市科技和知识产权局对项目进行审定和评估，经专业审查合格后，生产力促进中心与申请质押贷款的科技型中小企业签订担保协议和反担保协议，企业到知识产权质押登记机构（知识产权局）进行质押登记，生产力促进中心向商业银行缴纳一定比例的担保金。商业银行内部复审合格后，向科技型中小企业发放贷款，并委托资产管理公司进行贷后监管，一旦企业到期不能偿还贷款，由生产力促进中心代为偿还，并由知识产权担保机构处置该项知识产权，或者以约定价格收购。

（三）完善配套服务平台，设立相应的担保机构

要实现绵阳市知识产权质押运行模式的良好运行和该项工作的可持续发展，应该建立以政府为主导，多方参与的风险分担体制，引入民事赔偿责任的风险承担机制，充分发挥市场机制和政府调控的协同作用，实现这两种资源配置方式优势互补。

1. 设立政策性担保机构

从杭州模式的经验可知，设立政策性担保机构，主要为知识产权质押出现坏账之后提供一定比例的赔付，其注册资金全部来自本级财政科技三项经费。其主要特点是强政策性、非营利性和社会性，该机构不以利润最大化为目的，运用商业保险的原理给予政策上的扶持。该机构的资金来源除了财政拨款和保费收入以外，还可以通过发行债券或民间募集资金的方式获得资金，通过特殊政策将社会闲置资金引导到社会经济发展战略和符合产业结构调整的行业和产业中来。

2. 辅以市场化的担保机构，保证资产价格收购机制

在实际运行中，还可以鼓励设立市场化的担保机构，科技型中小企业以会员形式加入保险机构，并以缴纳保险会员费的方式进行参保。当科技型中小企业向银行申请知识产权质押贷款时，由担保机构做出承诺，如果企业不能偿还到期债务，或者知识产权质押物变现困难时，由担保机构以约定价格收购该知识产权。

3. 适当增加中介机构的民事赔偿责任，建立联合担保机制

商业银行在收到企业知识产权质押融资申请之后，分别委托资产评估机构和律师事务所对其经济价值和法律状态进行专业评估，并要求资产评估机构和律师事务所对评估结构予以担保，商业银行则依据评估结果予以放贷，若企业到期无法偿还债务，资产评估机构则要承担评估价值与实际变现价值之间的差额。若质押期间发生法律纠纷，律师事务所则需要承担相应的法律责任并承担损失。

建立专业、权威的知识产权评价体系以及规范的、有序的政府主导与推动，对于我市实施好专利权质押贷款工作是至关重要的。科技型中小企业经营具有高投入、高风险、高收益的特点，按照风险收益匹配原则，降低知识产权质押贷款风险，逐步建立政府引导，专业化市场化运作的专利权质押贷款商业模式，才能扩大科技型中小企业的贷款覆盖面，切实解决科技型中小企业创

业、成长过程中的资金短缺问题。

大力推进知识产权质押融资，是我市近年来金融服务改革的创新突破，也是实现我国"激励创新，有效运用，依法保护，科学管理"国家知识产权战略方针的重大举措。绵阳市发挥科技资源的优势，应使知识产权质押成为我市中小企业尤其是中小高新企业科技创新的催化剂和市场经营的加速器，以及经济增长方式转变的"推进器"。

另外，进一步向纵深推进知识产权质押工作，不仅需要完善知识产权质押融资服务平台、开展知识产权资产评估工作、创新知识产权质押融资方式，还需要培育知识产权质押物流转市场体系，鼓励知识产权服务机构多形式、多渠道引进人才，加大知识产权服务人才培养力度。

后　记

　　党的十九大报告指出："创新是引领发展的第一动力，是建设现代化经济体系的战略支撑……加强国家创新体系建设，强化战略科技力量。深化科技体制改革，建立以企业为主体、市场为导向、产学研深度融合的技术创新体系，加强对中小企业创新的支持，促进科技成果转化。倡导创新文化，强化知识产权创造、保护、运用。"知识产权制度作为鼓励创新、保护创新成果、推动创新成果市场化运用的重要制度之一，在推动科技创新、繁荣市场经济、促进国家发展方面做出了较大贡献。2017 年 12 月，世界知识产权组织发布的《世界知识产权指标》报告显示，中国国家知识产权局受理的发明专利申请量超过130 万件，超过了美国、日本、韩国以及欧洲专利局的总和。其中受理的国内发明专利申请占总量的 90％，国外占总量的 10％。我国作为知识产权大国，在知识产权的申请和授权上拥有较大数量，但知识产权的市场化运用还需进一步加强。同时，知识产权质押的比例还不高，企业将"知本"向"资本"进行的转换还较少，这不利于企业科技研发工作的更好开展，尤其是中小企业的研发和生产。

　　2012 年 10 月，绵阳市被列为全国知识产权质押融资试点城市，由此大力引导企业和金融结构开展知识产权质押融资工作。2016 年 5 月，国家知识产权局正式批复绵阳市为国家知识产权示范城市，知识产权质押工作稳步推进，截至 2017 年底知识产权质押贷款已经累计突破 4 亿元。为响应绵阳市知识产权质押融资试点城市建设的需要，本书编写组成员积极开展理论研究：2013年成功申报绵阳市社科联项目"绵阳市知识产权质押现状及对策研究"，2013年成功申报绵阳市科技和知识产权局专利实施资助项目"完善知识产权质押路径思考——以绵阳'知识产权质押融资试点城市'建设为视角"，2017 年成功申报四川省科学技术和知识产权厅软科学研究计划项目"提升知识产权质押实效的法制政策研究——以绵阳市'知识产权质押融资试点城市'建设为视角"。本书编写组成员先后到上海、杭州、北京、成都及绵阳各区县开展知识产权质押工作调研，了解了企业、金融机构、政府部门在知识产权质押工作中的需求，掌握了一些第一手数据资料和信息，为本书的编写提供了支撑。

本书的出版得益于四川省科学技术和知识产权厅软科学研究计划项目资金的资助，是四川省科学技术和知识产权厅软科学研究计划项目"提升知识产权质押实效的法制政策研究——以绵阳市'知识产权质押融资试点城市'建设为视角"（项目编号：2017ZR0299）的阶段性成果之一。在本书的撰写过程中，得到了刘仲平、谢瑜、王雪、米莎莎、侯习敏、杨艺、刘琳、张开蓉、毛志鹏、付春燕、颜艳、毛陈、崔健等同志的大力支持和帮助，他们在问题研讨、项目调研、资料收集、书稿校对等工作中付出了辛勤的劳动，在此表示感谢！书中的观点多来源于编写人员对理论知识的学习、对现实问题的分析和对工作实际的思考，难免有不妥之处，请各位学者和读者批评指正。在后续的研究工作中，我们将继续围绕"知识产权质押"这一主题，紧扣国家政策、方针和企业发展需要，思考知识产权质押的风险化解和各主体的积极性调动等问题，争取出更多优秀成果，服务于社会经济的发展。

编写组
2019 年 9 月于绵阳